# O OLHAR DE HÓRUS: UMA PERSPECTIVA INTERDISCIPLINAR DO ENSINO DA HISTÓRIA DA CIÊNCIA
## Ensinando e aprendendo História da Ciência

*Diamantino Fernandes Trindade*

# O OLHAR DE HÓRUS: UMA PERSPECTIVA INTERDISCIPLINAR DO ENSINO DA HISTÓRIA DA CIÊNCIA

Ensinando e aprendendo História da Ciência

**Coleção Conhecimento e Vida**

**Coordenação**

*Diamantino Fernandes Trindade*

1ª Edição

Brasil – 2014

Ícone editora

© Copyright 2014
Diamantino Fernandes Trindade
Direitos cedidos à Ícone Editora Ltda.

**Coleção Conhecimento e Vida**
**Diagramação**
Luiz Fernando Chicaroni
**Revisão**
Juliana Biggi
Paulo A. Rocha Teixeira

**Dados Internacionais de Catalogação na Publicação (CIP)**
**(Câmara Brasileira do Livro, SP, Brasil)**

---

**CIP-BRASIL. CATALOGAÇÃO NA PUBLICAÇÃO**
**SINDICATO NACIONAL DOS EDITORES DE LIVROS, RJ**

T753o

Trindade, Diamantino Fernandes
O olhar de Hórus : uma perspectiva interdisciplinar do ensino da história da ciência : ensinando e aprendendo história da ciência / Diamantino Fernandes Trindade. - 1. ed. - São Paulo : Ícone, 2014.
256 p. : il. ; 17 cm.          (Conhecimento e vida)

ISBN 978-85-274-1259-9

1. Filosofia. 2. Ciência - Filosofia. I. Título.

14-12032                           CDD: 100
                                    CDU: 1

---

09/05/2014   15/05/2014

Proibida a reprodução total ou parcial desta obra, de qualquer forma ou meio eletrônico, mecânico, inclusive através de processos xerográficos, sem permissão expressa do editor (Lei nº 9.610/98).

Todos os direitos reservados pela
**ÍCONE EDITORA LTDA.**
Rua Anhanguera, 56 – Barra Funda
CEP 01135-000 – São Paulo – SP
Tel./Fax.: (11) 3392-7771
www.iconeeditora.com.br
e-mail: iconevendas@iconeeditora.com.br

# Dedicatória

Dedico este trabalho a todos os meus alunos da minha jornada de 38 anos e, em especial, àqueles que cursaram a disciplina História da Ciência, sem os quais seria impossível desenvolvê-lo.

# Agradecimentos

Com especial carinho, à Professora Dra. Ivani Catarina Arantes Fazenda, pela atenção, confiança e amizade demonstradas por atitudes e palavras, e, em particular, pelo caloroso suporte às minhas inquietações teóricas, possibilitando-me os acertos neste trabalho.

À amizade demonstrada pelos colegas do GEPI.

À Lais dos Santos Pinto Trindade, pelo debate das ideias e pela preciosa colaboração.

Ao Professor Dr. Márcio Pugliesi, pelas importantes sugestões e pelos esclarecimentos na interpretação dos mitos.

Aos meus pais, pela oportunidade desta experiência terrena e pelo incentivo constante ao estudo.

Com muito amor para Amanda, Andréa, Ana Paula e Tharso.

Ao Professor Dr. Ricardo Plaza Teixeira, pela oportunidade de compartilhar a disciplina História da Ciência no Ensino Médio e nos cursos de Formação de Professores no Instituto Federal de Educação, Ciência e Tecnologia de São Paulo.

A todos os meus amigos.

# Sumário

SOBRE O AUTOR, 11

APRESENTAÇÃO, 13

I. INTRODUÇÃO, 15

1. O olhar interdisciplinar de Hórus, 16

2. O problema de pesquisa, os objetivos e a metodologia, 27

3. Um olhar sobre o passado: as dificuldades na aprendizagem de ciências e a formação profissional, 38

II. PRESSUPOSTOS TEÓRICOS, 75

1. Interdisciplinaridade: um novo olhar sobre as ciências, 75

2. Olhando os para os textos legais, 100

3. A História da Ciência – sua importância como disciplina, 119

III. O OLHAR DA CIÊNCIA – PRESSUPOSTOS, 127

1. Ciência e Mito, 131

2. Ciência e Religião, 140

3. Ciência e Poder, 148

4. Ciência e Educação, 158

## IV. O OLHAR DO PROFESSOR – ENSAIOS, 171

1. A história de minha prática como professor de História da Ciência no Ensino Médio, **171**

2. A experiência no Ensino Médio levada para o curso de Formação de Professores, **183**

## V. O OLHAR DOS ALUNOS – METAMORFOSE, 195

1. O olhar dos alunos do Ensino Médio, **195**

2. O olhar dos futuros professores, **205**

## VI. O OLHAR DE HÓRUS – TRANSCENDÊNCIA, 221

## ANEXOS, 226

Anexo 1, **227**

História da Ciência – Questionário de Avaliação (Ensino Médio)

Anexo 2, **228**

História da Ciência – Questionário de Avaliação (Curso de Formação de Professores)

Anexo 3, **230**

Relação de artigos, livros e trabalhos apresentados por Diamantino Fernandes Trindade e Ricardo Plaza Teixeira sobre História da Ciência

## BIBLIOGRAFIA, 237

## SITOGRAFIA, 252

## VIDEOGRAFIA, 254

## ICONOGRAFIA, 256

# Sobre o autor

### Diamantino Fernandes Trindade

• Professor do curso de pós-graduação em História e Cultura Afro-Brasileira da UNISAL.

• Professor aposentado do Instituto Federal de Educação, Ciência e Tecnologia de São Paulo, onde lecionou História da Ciência, Epistemologia da Ciência e do Ensino, Psicologia da Educação e Fundamentos da Educação para os cursos de Licenciatura em Física, Química e Biologia e Pós-Graduação em Formação de Professores. Nesta instituição exerceu ainda as funções de Supervisor de Estágios do curso de Licenciatura em Física, Gerente Acadêmico da Educação Básica e Curador do Clube de Ciência e Tecnologia.

• Lecionou Química na Universidade de Santo Amaro, Universidade de Guarulhos, Universidade Cidade de São Paulo, Faculdades Oswaldo Cruz, Colégio Agostiniano, Colégio XII de Outubro e Escola Técnica Estadual Getúlio Vargas.

• Pesquisador CNPq.

- Pesquisador do Grupo de Estudos e Pesquisa em Interdisciplinaridade (GEPI) da PUC-SP.

- Mestre em Educação pela Universidade Cidade de São Paulo onde defendeu a dissertação História da Ciência: um ponto de mutação no Ensino Médio – a formação interdisciplinar de um professor.

- Master Science in Education Science pela City University Los Angeles.

- Doutor em Educação pela PUC-SP onde defendeu a tese O Olhar de Hórus – uma perspectiva interdisciplinar do ensino na disciplina História da Ciência.

- Pós-Doutor em Educação pelo GEPI-PUC-SP.

- Autor dos livros: A História da História da Ciência, Temas Especiais de Educação e Ciências, O Ponto de Mutação no Ensino das Ciências, Os Caminhos da Educação e da Ciência no Brasil, Leituras Especiais sobre Ciências e Educação, Química Básica Teórica, Química Básica Experimental, O Meio Ambiente e a Sociedade Contemporânea. Médicos e Heróis: os caminhos da medicina brasileira desde a chegada da Família Real até as primeiras décadas da República; Personagens da Ciência Brasileira.

- Membro da Escola Superior de Guerra.

- Membro da Sociedade Brasileira de História da Ciência.

- Avaliador da Revista Brasileira de Estudos Pedagógicos – Ministério da Educação.

# Apresentação

### Prezados leitores e leitoras!

Esta pesquisa tem o objetivo de analisar criticamente, sob a ótica da interdisciplinaridade, minha vivência como professor de História da Ciência e a função desta disciplina como eixo norteador para a Área de Ciências da Natureza, Matemática e suas tecnologias no Ensino Médio.

Privilegiei a História de Vida como eixo metodológico possível de dialogar com a disciplina História da Ciência em seus princípios teóricos.

O resgate da minha trajetória de vida inserida na vivência de professor remeteu-me ao encontro das lendas da criação, do mito de Hórus, utilizado como metáfora sobre a qual estruturei a narrativa. Hórus lançou seus olhares para a Ciência, os professores e os alunos. O primeiro olhar estabeleceu relações da Ciência com o mito, a religião, o poder e a educação. O segundo olhar mostrou os impasses da prática de um professor da disciplina História da Ciência no Ensino

Médio e nos cursos de formação de professores de ciências. O terceiro olhar revela-se a partir de depoimentos dos meus alunos.

A relevância do presente estudo alicerça-se na disciplina História da Ciência que, desenvolvida na forma aqui relatada, mostrou-se um atributo interdisciplinar para a produção e alteração do conhecimento, abrindo caminhos para os alunos, conduzindo-os à autonomia nos estudos e na sociedade e a um novo olhar sobre a Ciência, rompendo com os antigos paradigmas que conduziam à fragmentação do conhecimento.

# Introdução

Figura 1: O Olho de Hórus
Peça em ouro, com incrustações de lápis-lazúli. Era um peitoral
que Tutankhamon usava como amuleto, pendendo do pescoço

# 1. O olhar interdisciplinar de Hórus

A construção da ciência moderna foi moldada e desenvolveu-se sobre o pressuposto de que a linguagem analítico-experimental, que fragmenta, localiza, mede, calcula, com a pretensão de ser objetiva e racional, era a única que poderia explicar a natureza. Ao longo do tempo, a própria Ciência precisou abrir mão dessa pretensão e reconheceu que não se pode fazer Ciência sem recorrer a modelos que utilizam metáforas ou analogias.

> Expressões consagradas como leis da natureza ou seleção natural são amostras da presença da linguagem analógica, metafórica e simbólica, linguagem que liga, associa, conecta, desenvolve campos de evocação buscando significações contextuais, tende a exprimir a afetividade e subjetividade e é a mais apropriada quando buscamos o sentido das coisas e da nossa própria existência.[1]

É possível dizer que os cientistas, ao tentar responder com teorias científicas a questões relacionadas com o sentido da existência humana, utilizam, ainda que de forma inconsciente, a linguagem analógico-simbólica e invadem o campo do mito. *O atributo principal do mito é orientar, em um plano intuitivo, a construção daquilo que Schumpeter chamou de visão*

---

[1] Jung Mo Sung. **Ciência, mito e o sentido da existência**, p. 14.

*do processo social, sem o qual o trabalho analítico não teria qualquer sentido.*[2]

O mito não é contrário à Ciência, nem pertence ao passado da humanidade, mas faz parte do fazer ciência e da vida humana porque somos seres que buscamos constantemente o sentido e construímos um horizonte do sentido fundamentado em esperanças e intuições ainda não comprovadas, apenas explicadas e justificadas por mitos que adotamos e aos quais estamos ligados.

> Mitos e magia não são coisas de mundos defuntos. E os mais lúcidos sabem disso, porque não se esqueceram de sonhar. Em 1932, Freud escreveu uma carta a Einstein que fazia uma estranha pergunta/afirmação: "Não será verdade que toda ciência contém, em seus fundamentos, uma mitologia?"[3]

Para termos consciência do mito que estamos vivenciando, é necessário fazer uma revisão de nossa vida e questioná-la. A partir de então, o mito será um norteador de sentimentos, valores e intenções que irão direcionar e motivar nossos pensamentos e ações. Pelo poder misterioso e transformador do mito, podemos encontrar pistas para buscar as potencialidades espirituais da vida humana.

---

2 Celso Furtado. **O mito do desenvolvimento econômico**, p. 15.

3 Rubem Alves. **Estórias de quem gosta de ensinar,** p. 104.

Pela descoberta de nosso mito, entramos em contato com os nossos impulsos criativos; assim podemos viver uma vida mais plena, porque eles alargam o contexto de nossa existência e integram essa compreensão dentro de nós. Por sua capacidade de falar de nós mesmos, podem nos transformar e vincular a nossos semelhantes presentes ou passados. E sugerir que uma história maior está em ação, uma história que apoiará nossas preocupações fundamentais e nos conduzirá na direção que precisamos tomar.[4]

O resgate da minha trajetória de vida inserida na vivência de professor, que de há muito se tornou interdisciplinar, possibilitou-me encontrar nas lendas da criação do Egito o mito de Hórus, utilizado como metáfora sobre a qual estruturei a minha pesquisa.

Todos os povos têm um mundo invisível, uma ampliação da realidade, que coexiste lado a lado com a ciência, a tecnologia e, é claro, as artes. Às vezes ele é uno e partilhado por todos, como nas sociedades tradicionais, ao contrário do mundo moderno, onde classes, grupos ou segmentos sociais podem dar formas diferentes às expressões imaginárias. Mas em ambos "a vida é vivida em um plano duplo: desenrola-se como existência humana e, ao mesmo tempo, participa de uma vida trans-humana, a do cosmos ou dos deuses".[5]

---

4 Ayéres Brandão. **Do mito do herói ao herói do mito:** a jornada simbólica do professor, p. 18.

5 Carmem Junqueira. **O mundo invisível**, p. 1.

Osíris foi primogênito do Pai-Céu e da Mãe-Terra. Casou-se com sua irmã, Ísis, a deusa da Lua. O casal ensinou o povo egípcio a fazer instrumentos agrícolas e a produzir pão, vinho e cerveja. Ísis ensinou as mulheres a moer o milho, fiar o linho e tecer. Osíris construiu os primeiros templos e esculpiu as primeiras imagens divinas, fornecendo aos seres humanos ensinamentos sobre os deuses.

Osíris foi vítima da inveja de seu irmão Seth, o qual, desejando o seu poder, convidou-o para um banquete e lá o assassinou, trancando o corpo em um esquife que foi jogado no rio Nilo. Ísis saiu de imediato à procura do esquife, que havia sido levado pelas ondas para Biblos, onde se enganchou em uma tamareira. A árvore cresceu rapidamente, e o esquife ficou no seu tronco. No entanto, o rei de Biblos tinha ordenado que a árvore fosse cortada para escorar o teto do palácio. Quando a ordem foi cumprida, um sublime aroma desprendeu-se da tamareira. Esse fato chegou aos ouvidos de Ísis, que compreendeu imediatamente o seu significado e partiu para Biblos, onde retirou o esquife do tronco da árvore e o levou de volta ao Egito, escondendo-o em um charco. Seth ficou sabendo do esconderijo, encontrou o esquife, abriu-o e retalhou o corpo de Osíris em 14 pedaços, espalhando-o por várias localidades.

Ísis saiu em busca dos pedaços e encontrou todos, com exceção do falo, que fora comido por um caranguejo. [6] Utilizando sua preciosa magia, reconstruiu o corpo do esposo e fez um novo falo com barro.[7] Praticou os rituais de embalsamento que restituíram ao deus a vida eterna. Durante o sono de Osíris, que esperava pelo renascimento, Ísis concebeu o filho divino, Hórus, que, ao nascer, foi comparado a um falcão cujos olhos brilhavam à luz do Sol e da Lua. Osíris não quis permanecer na Terra e retirou-se para o mundo das sombras, onde passou a receber as almas dos justos e a reinar sobre os mortos.

---

6 O caranguejo sempre foi associado à degeneração e putrescência – simboliza o câncer e atacou, no pântano de Lerna a Hércules.

7 Segundo outras versões de madeira, de cedro – símbolo da imortalidade.

Figura 2: Isis com Osíris morto no colo
Poster de Susan Seddon Boulet
Fonte: http://www.artistsuk.co.uk

Para proteger Hórus das ações nefastas de Seth, Ísis criou o filho no isolamento. Quando se tornou adulto, ele iniciou uma longa batalha para derrotar seus inimigos, porém Seth não podia ser vencido, pois era muito astuto. Os outros deuses reuniram-se em um tribunal e convocaram os dois adversários. Seth alegou que Hórus era ilegítimo, pois havia sido concebido após a morte de Osíris; contudo, o jovem guerreiro fez prevalecer a legitimidade de seu nascimento e foi declarado rei do Egito, reinando sobre o Céu e a Terra ao lado do pai e da mãe.

O voo altaneiro do falcão, que parecia ser companheiro do Sol, estimulou o imaginário dos egípcios na crença de que o Sol seria como um falcão que descrevia um brilhante voo diário pelos céus. Como falcão, Hórus era um deus e voava sobre o Egito para proteger seu pai, Osíris. Para os egípcios, Hórus era um deus real, o falcão divino, e tornou-se o símbolo da realeza. Assim como a sua mãe-deusa, ele pertence ao reino celestial, intelectual.

Outro mito diz que Hórus nasceu duas vezes – primeiro do Céu (Hathor)[8] e depois da Terra (Ísis). Hórus personifica o espírito revestido de matéria, o entrelaçamento de destino divino e vontade humana. Nascido fraco, tornou-se forte sob o amor mágico e protetor de Ísis. É assim que me situo como professor interdisciplinar, isolado nos meus ideais. Foi necessário travar uma grande batalha para sobrepujar aqueles ligados às práticas educativas tradicionais. No entanto, pela minha própria prática e as reflexões acerca dela, esses ideais fortaleceram-se no decorrer do tempo até que me possibilitaram desenvolver esta pesquisa.

Desde o início da civilização egípcia (3.000 a.E.C.), o Olho de Hórus é um dos amuletos mais usados no Egito. É inspirado no falcão, sendo uma mistura do olho humano com o olho da ave. Representa a força, o

---

8 É uma das deusas mais veneradas do Egito Antigo, a deusa das mulheres, dos céus, do amor, da alegria, do vinho, da dança, da fertilidade e da necrópole de Tebas. Em várias dinastias, o Faraó era considerado filho de Hathor.

vigor e o auto sacrifício. Hórus é o rei que governa com dois olhos. Seu olho direito é associado à informação concreta, factual, controlada pelo hemisfério cerebral esquerdo. Lida com as palavras, as letras, os números, e com coisas que são descritíveis em termos de frases ou pensamentos completos. O olho esquerdo representa a informação estética abstrata, controlada pelo hemisfério direito do cérebro. Lida com pensamentos e sentimentos esotéricos e é responsável pela intuição.

Em sua constante luta contra os poderes lunares e da decomposição, Hórus leva a luz benfazeja do Sol que permite a messe. Os ritos antigos de caráter terrestre-celeste e envolvendo o submundo da morte, como os egípcios, os greco-romanos e os cretenses, por exemplo, sempre têm seu vínculo com a questão da fecundidade. Os mistérios ctônicos[9] desses povos, primeiras formas de iniciação, remetem diretamente à questão da aprendizagem, da obtenção de novas informações e destrezas que facilitem a passagem pelo umbral – a transferência de quem está diante do templo (profano) para seu interior (iniciado). Esses ritos de passagem ainda se repetem seja pelos trabalhos de conclusão de cursos, dissertações, teses e, mesmo, na esfera religiosa pelo batismo, pela crisma, pela ordem e pelo matrimônio.

---

9 Em mitologia, e particularmente na grega, o termo **ctônico** ("relativo à terra", "terreno") designa ou refere-se aos deuses ou espíritos do mundo subterrâneo, por oposição às divindades olímpicas. Por vezes são também denominados "telúricos" (do latin *tellus*).

Superar esses obstáculos representa um gasto relevante de energia, e a atitude primitiva, incapaz da escrita, estipulou pela tradição a formação de uma cultura autóctone que no momento de guerras de conquista se impunha aos dominados.

> *Cultum,* supino[10] de *colere* (colheita), se refere a essa tarefa de coleta, reserva, escolha e se relaciona diretamente como o grego *legéin,* de que advém Logus – e esse verbo significa ligar, unir, armazenar.[11]

Quando Homero começa:

*"Canta para mim, ó deusa, a cólera..." ou "Dize-me o nome, Musa, do herói.." quem fala assim é um poeta que por si só não sabe o que diz, e o diz não graças à sua própria inteligência ou experiência pessoal, mas à inspiração divina,*[12] expõe a grande lacuna: na Antiguidade, os efêmeros humanos não se podiam acercar da divina e imperecível verdade. Estava a deusa na esfera dos deuses e inacessível às pretensões humanas. No Egito, as iniciações nos templos apresentadas por arqueólogos ilustres como Wallis Budge[13] levavam

---

10 Tempo verbal latino. Usado de modo equivalente a um infinitivo, mas em circunstâncias de movimentação, o supino pode ser ativo.

11 Márcio Pugliesi. **Por uma Teoria do Direito:** aspectos macro-sistêmicos, p. 78.

12 Bruno Snell. **A Cultura Grega e as origens do pensamento europeu**, p. 135.

13 Sir Ernest Alfred Thompson Wallis Budge. **The Mummy:** Chapters on Egyptian Funereal Archaeology, p. 208.

sempre à busca de uma saída à luz da verdade, após a morte e, de fato, só então a alma tinha acesso à barca de Ra e podia ver pelo olho de Hórus: a verdade.

Esse arquétipo repetido pela coruja de Minerva que, no dizer do filósofo, só voa nas tardias horas, mostrou-me, com clareza, o significado da interdisciplinaridade que a História da Ciência nos traz. Possibilitou-me obter o fecho de toda a aprendizagem de uma vida: religar, num voo ousado, o conhecimento disperso e obter a compreensão que apenas esse *hybris*[14] nos permite.

O Olho de Hórus, mais precisamente os seus olhares, permeou a minha pesquisa. Matos afirma que há uma diferença crucial entre o Olho e o Olhar, quando diz:

> O olho pode ser entendido como sendo o órgão pelo qual podemos ver e, por si só, o olho nada faz a não ser receber a luz e enviar seus sinais ao cérebro para processamento. Já o olhar, o ato de olhar, é um ato consciente e reflexivo, que contém muito mais do que reflexo mecânico. Olhar alguma coisa é também um ato ideológico, uma função da mente.[15]

---

14 Palavra grega que significa insolência ou excesso. Um dos elementos da tragédia grega que revela insegurança da vida, atitude perante um desafio, acontecendo quando os protagonistas se interrogam sobre o seu destino sobre a validade das leis dadas aos homens pelos deuses ou pela *polis*.

15 Ricardo Hage Matos. **O sentido da práxis no ensino e pesquisa em artes visuais:** uma investigação interdisciplinar, p. 129.

*O falcão divino vai alçar voo e, com seu olhar abrangente, irá permear esta pesquisa que aborda a minha trajetória como professor interdisciplinar de História da Ciência.*

Figura 3: Hórus: o Falcão Divino
Templo de Hórus na cidade egípcia de Edfu

Figura 4: Hórus, Osíris e Ísis
Fonte: www.louvre.fr

## 2. O problema de pesquisa, os objetivos e a metodologia

Com o percurso até aqui construído e articulando o olhar que lanço sobre minha trajetória, situo algumas questões:

Não haveria mais sentido em um ensino de Ciência que partisse de sua própria história? O estudo de História da Ciência não poderia se qualificar como um espaço importante na aprendizagem das ciências e, mais do que isso, não poderia se constituir em um espaço apropriado para as discussões do que é Ciência? Não seria possível, a partir daí, desenvolver o espírito crítico dos estudantes?

Em decorrência de tais questões, delineei como objetivo desta pesquisa analisar criticamente, sob a ótica interdisciplinar, utilizando como metáfora o olhar de Hórus, minha vivência como professor da disciplina História da Ciência, aprendendo eixos de explicação e compreensão do que tem permeado práticas pedagógicas comprometidas com o conhecimento científico rigoroso e inovador.

Esses objetivos instigam a opção metodológica: ênfase no relato de minha prática como cenário de vivências que tentam imprimir uma perspectiva crítica e reflexiva ao exercício docente. Assumir essa ênfase pede uma breve discussão acerca da pesquisa qualitativa e do lugar da História de Vida na produção do conhecimento.

*A pesquisa qualitativa tem o ambiente natural como sua fonte direta de dados e o pesquisador é o seu principal instrumento.*[16] Os pesquisadores qualitativos frequentam os locais de estudo porque a sua preo-

---

16 Robert Bogdan; Sari Biklen. **Investigação qualitativa em educação:** uma introdução à teoria dos métodos, p. 17.

cupação é com o contexto. Como os problemas são estudados no ambiente em que ocorrem naturalmente, sem qualquer manipulação intencional do pesquisador, esse tipo de pesquisa é chamada de "naturalística". Os locais devem ser entendidos no contexto da história das instituições a que pertencem. Assim, as circunstâncias particulares em que um determinado objeto se insere são essenciais para que se possa entendê-lo.

> A pesquisa qualitativa ou naturalística envolve a obtenção de dados descritivos, obtidos no contato direto do pesquisador com a situação estudada, enfatiza mais o processo do que o produto e se preocupa em retratar a perspectiva dos participantes.[17]

O produto é muito importante, mas não podemos nos preocupar unicamente com ele.

A opção da pesquisa qualitativa encaminhou-me para a perspectiva da História de Vida.[18] *Os professores são como velhas árvores. Possuem uma face e um nome, uma história a ser contada.*[19]

---

17 Marli E. D. André; Menga Lüdke. **Pesquisa em educação:** abordagens qualitativas, p. 12.

18 A História de Vida pode ser conceituada como o relato, por um indivíduo, dos eventos e dos elementos constitutivos de sua vida passada; relato seguido de um comentário e da análise reflexiva que é feita dele em seguida (A. Lainé, 1999). Como metodologia da pesquisa em ciências humanas, ela se associa aos métodos qualitativos.

19 Rubem Alves. **Conversas com quem gosta de ensinar**, p. 19.

O relato de vida aponta para a importância da expressão do vivido pelo "desdobrar narrativo", quer essa enunciação seja oral ou escrita. A aparição e o aumento da expressão no século XX acompanham a revolução técnica das multimídias: o cinema e o vídeo liberam a palavra do (texto) escrito e ampliam os modos de coleta e de tratamento da informação.[20]

Quando fiz minha opção pelo enfoque interdisciplinar na prática pedagógica do ensino da História da Ciência, percebi que a trilha da objetividade criaria amarras e barreiras que impediriam uma pesquisa mais ampla e dinâmica de minha vivência como professor nessa disciplina. Fazia-se necessário, então, um desprendimento do antigo, do tradicional, do objetivista.

É necessário abrir para a educação a possibilidade de novas leituras e novos enfoques metodológicos, pois o cotidiano escolar é tão complexo que nem sempre encontramos a melhor solução para o estudo e enfrentamento de sua problemática nos padrões convencionais da análise geralmente utilizados.

Não é possível estabelecer uma fronteira bem delineada entre o convencional e o não convencional no enfoque interdisciplinar da educação. Soares e Fazenda [21] explicam que existe um *continuum* que parte do convencional

---

20 Gaston Pineau. **As histórias de vida em formação:** gênese de uma corrente de pesquisa-ação-formação-existência, p. 340.

21 Magda Soares; Ivani Fazenda. **Metodologias não convencionais em teses acadêmicas**, p. 127.

em direção ao não convencional no campo da pesquisa educacional. Essa vertente, decorrente do movimento de ideias, traz uma mudança na concepção do conhecimento cuja construção é coletiva. Esse *continuum* está filiado ao que é denominado História de Vida como caminho da pesquisa educacional em que o locutor revela o *eu* que, associado ao *vocês*, compõe o *nós*.

A História de Vida assume, então, um papel relevante quando o enfoque interdisciplinar educacional caminha pela trilha do não convencional permeada pela subjetividade. A análise crítica e subjetiva da prática pedagógica do cotidiano escolar exige que ele seja repensado de maneira a redescobri-lo sob a ótica de um novo olhar vivenciado.

> Histórias de Vida, quando devidamente recuperadas, permitem-nos a conjugação de olhares singulares das ações educativas. Cada pesquisa que tem a História de Vida como procedimento requer configurações próprias, cuidados diferenciados, porque sugerem movimentos novos no delineamento de ações.
>
> No projeto de construção de uma teoria detivemo-nos na explicitação de ações educativas. As questões da interdisciplinaridade precisam ser trabalhadas em uma dimensão diferenciada de conhecimento – daquele conhecimento que não se explicita apenas no nível da reflexão, mas, sobretudo no da ação.[22]

---

22 Ivani Fazenda. **A formação do professor pesquisador – 30 anos de pesquisa**, p. 4.

A pesquisa/ação/formação é um campo emergente e muito significativo nas investigações, pois as ações cotidianas podem transformar-se em pesquisas e estas em formações diferenciadas.

> Histórias de Vida vêm sendo consideradas não apenas formas de investigação como práticas de formação. Elas não apenas possibilitam a teorização e categorização de práticas empíricas, mas a articulação dialética das duas polaridades não excludentes – prática e teoria.[23]

Na História de Vida, o pesquisador precisa fazer uma reflexão do seu próprio processo de formação e conscientizar-se das estratégias, dos espaços e dos momentos que, para ele, foram importantes no decorrer da vida. Assim, é possível identificar aquilo que foi realmente significativo.

> Ela também pode ser considerada como um processo de formação e tende a construir sentido a partir da própria experiência do indivíduo, a fim de se engajar nela, compreendendo-a melhor.[24]

Não basta relatar sua vida para produzir uma História de Vida. É necessário que o relato, oral ou escrito, seja interrogado, trabalhado, refletido, para que possam emergir os eventos principais associados

---

23 Ibid, p. 5.
24 Patrick Paul; Aparecida M. S. Alvarez. **As histórias de vida como busca de identidade entre abordagens conscientes e inconscientes**, p. 1.

aos questionamentos, aprendendo a organização das lógicas, as coerências, as rupturas e fazendo o sentido emergir.

> As histórias de vida são produções construídas em muitas etapas. O olhar do presente sobre o passado abre a memória para a produção de sentido, muitas vezes implícita, pela organização de sequências, indução de emoções...[25]

O modelo escolhido de exploração da minha História de Vida foi o autobiográfico[26] (ou de autoconhecimento da própria vida) pelo qual procurei refletir sobre o meu processo de formação, tomando consciência das estratégias, dos espaços e dos momentos formadores ao longo da vida.

Nesta pesquisa, retomei o relato de minha vivência como professor interdisciplinar de História da Ciência, pesquisando agora relações que remetem a uma rede de conexões observadas pela metáfora do *Olhar de Hórus que tudo vê!;* um olhar interdisciplinar sobre o

---

25 Ibid. p. 5.

26 No método autobiográfico, cada participante procura refletir sobre o seu próprio processo de formação e tomar consciência das estratégias, dos espaços e dos momentos que, para ele, foram formadores ao longo da sua vida. Baseia-se no modelo de investigação-ação e tem como preocupação central assegurar a ligação entre os conteúdos teóricos e uma intervenção concreta no domínio da formação, permitindo a identificação, na sua própria história de vida, daquilo que foi realmente formador (António Nóvoa; Matthias Finger. **O método (auto) biográfico e a formação**, pp. 12-13).

ensino das ciências da natureza, sob a perspectiva da História da Ciência e suas interfaces no decorrer da sua própria história, que pretende mostrar uma nova visão da formação holística que atinge as práticas pedagógicas articuladas em torno de eixos que reformatam e modificam o processo formativo. A interdependência e a interatividade existentes entre as coisas podem resgatar a visão de contexto, por meio da História da Ciência, demonstrando a rede de interações existentes entre todos os fenômenos educacionais. Assim, a magia, o mito e a religião foram abordados como a origem da Ciência e a inserção deles na cultura e na educação humanas como instrumento de poder.

Inicialmente, descrevo os caminhos que percorri para me constituir professor. Em uma breve abordagem acerca da história da educação brasileira, traçando um paralelo com a minha própria, mostro as dificuldades do ensino e da aprendizagem das ciências marcadas pela concepção da educação em Portugal trazida para o Brasil com os jesuítas. Nessa perspectiva, terminei meu curso superior orientado por uma visão tecnicista em que se priorizavam as técnicas e os conteúdos sem qualquer contextualização.

A minha prática como professor de História da Ciência é abordada pelos pressupostos teóricos da interdisciplinaridade e pelo diálogo com os textos legais que validam a inserção desta disciplina no Ensino Médio e nos cursos de Formação de Professores de ciências.

O primeiro olhar de Hórus mostra as interfaces da Ciência com outras áreas do conhecimento: o mito, a religião, o poder e a educação. Busquei no mito uma das possíveis origens do conhecimento. Pode parecer estranho relacionar Ciência e mito. Pode até parecer contraditório na medida em que o senso comum considera o mito como antagônico à verdade ou à Ciência. Entretanto, o mito não se opõe à verdade como entende a ciência moderna, já que responde a diferentes questões, externas ao âmbito da Ciência. Se esta procura descrever como os fenômenos acontecem e estabelecer as leis que regem determinados fatos, o mito, como as artes, procura o sentido que transcende o mensurável, um sentido que dê sentido à vida do sujeito que indaga.

No mundo ocidental, a ciência moderna surgiu e desenvolveu-se no interior das religiões, principalmente na Igreja Católica. O período da longa noite de mil anos, chamado de Idade Média, era herdeiro direto da cultura greco-romana, mas sua sociedade assentava-se em bases estritamente cristãs, portanto, religiosas; dirigida e organizada pela Igreja Católica, tinha como lei os textos bíblicos. Dessa forma, os textos clássicos foram adaptados, ou cristianizados, para serem aceitos. Aristóteles era considerado o "filósofo" pela Igreja e sua ideia de que a Terra era o centro do Universo foi associada à de que o ser humano era o centro da criação divina, portanto, plenamente aceita.

Se considerarmos a religião uma concepção geral do mundo na qual o universo material e o destino humano são governados por um poder divino e sagrado, torna-se claro que se fundamenta em explicações sobre a origem e o movimento de todas as coisas. Decorre, então, que a História da Ciência sempre encontra a barreira do fenômeno religioso ou das formas culturais religiosas do passado.

O homem percebe que, conhecendo os fenômenos da natureza, ele adquire poder sobre ela e outros homens. Como se isso não bastasse, com o advento da modernidade, criaram-se as academias de ciências que passaram a determinar que tipo de conhecimento era válido. Atualmente, esse poder está nas mãos das universidades, dos governos e dos grandes laboratórios.

O projeto político desenvolvido a partir do século XVIII produziu uma transformação no conhecimento que se constitui no pano de fundo das novas relações entre o saber e o poder, legitimando as relações de dominação que determinados grupos sociais exercem sobre outros. Nesse cenário, o mito da neutralidade científica tornou-se significativo e o esquecimento das raízes míticas, mágicas e religiosas das ciências, bem como a exclusão de sua história e gênese, tornou esse mito possível.

Busquei também uma relação entre a ciência produzida e a ciência ensinada. A educação igualmente é vista como um poder, também é hegemônica e se presta a fins políticos. Contudo, observando a História da Ciência, verificamos que ela é crítica[27] e leva o aluno a

_____

27 A História da Ciência é crítica, a Ciência não! A Ciência preocupa-se

entrar em contato com outras formas de conhecimento, com as origens desse conhecimento e, portanto, pode modificar o olhar sobre a própria Ciência.

O olhar de Hórus é o olhar interdisciplinar que permite a aproximação das diversas áreas do conhecimento, fornecendo subsídios para que essas inter-relações entre a própria Ciência, o mito, as religiões e o poder possam ser articuladas, na sala de aula, de modo que possa formar sujeitos críticos que compreendam a Ciência como mais outra forma de conhecimento humano.

O segundo olhar de Hórus observa a minha prática como professor interdisciplinar de História da Ciência no Ensino Médio e nos cursos de Formação de Professores de Ciências. Neste capítulo analiso as metodologias e as estratégias utilizadas com os alunos do Ensino Médio, bem como os objetivos alcançados. Em seguida, abordo esta experiência e como a compartilhei com os professores em formação no sentido de como eles a poderiam utilizar nas suas salas de aula, por meio da homologia de processos.

O terceiro olhar observa as vozes dos alunos do Ensino Médio e do curso de Formação de Professores em função dos questionários respondidos por eles no final de cada curso (Anexos 1 e 2). Analiso os conceitos de Ciência, antes e depois do seu estudo como construção histórica; a visão sobre os cientistas; o significado e

---

com os fazeres científicos. A História da Ciência preocupa-se em analisar esses fazeres.

as descobertas, após entrar em contato com a História da Ciência, bem como as conexões estabelecidas com outras disciplinas; a motivação de conhecer a vida e a obra dos cientistas brasileiros e o deslocamento do ensino tradicional em relação ao conhecimento, onde o professor é o transmissor e o aluno o receptor, para o processo de construção desse conhecimento vivenciado ao longo do curso.

Pela análise das vozes dos alunos, o Olhar de Hórus traz a visão panorâmica da minha vivência interdisciplinar como professor de História da Ciência no Ensino Médio e nos cursos de Formação de Professores de Física e Formação de Professores de Ciências.

## 3. Um olhar sobre o passado: as dificuldades na aprendizagem de ciências e a formação profissional

*Hórus nasceu duas vezes – primeiro do Céu (o ideal) e depois da Terra (minhas necessidades)...*

Como explicitei anteriormente, a minha pesquisa tem como ponto de partida a minha história de vida. Da vontade construída de observar o vivido e com o olhar de hoje, lanço-me ao passado para compreender minha trajetória, o caminho que me conduziu até aqui.

Como ocorria com os navegadores que descortinaram terras desconhecidas, às vezes torna-se difícil encontrar palavras para descrever as novas terras e fazer-me ao mar da imaginação. As transformações ocorridas ao longo da jornada carecem, muitas vezes, de palavras adequadas ao processo descritivo. Como começar? Por onde começar?

Uma situação sempre recorrente: por que o aprendizado da Ciência, que tão difícil foi para mim, continua o sendo também para os meus alunos? Posso supor e elencar diversos fatores, mas frequentemente as respostas são encontradas nas raízes dos problemas.[28] Então, para nos aprofundarmos um pouco mais neste assunto, penso ser interessante buscar, em suas origens, as causas dessas dificuldades que acabam por se transformar em repulsão, analisando os caminhos da educação no Brasil, desde a sua implantação.

É bastante difícil compreender os problemas educacionais de hoje desconhecendo-se o contexto no qual foi tecido o sistema escolar desde sua implantação, que remonta ao período da colonização. Aí, provavelmente, nasceram os problemas do ensino de ciências, que contou, desde o início, com um reduzido número de professores mal preparados nessa área. Os problemas daí decorrentes refletiram-se na aprendizagem.

Embora passados centenas de anos, o ensino das ciências, nas escolas, ainda não passa de uma transposição didática, repleta de fórmulas e regras, sem significado para os alunos, porque, geralmente, não são estabelecidas articulações para os contextos que lhes são próximos e significativos. Também não são

---

28 A educação escolástica dos jesuítas, que pouco espaço tinha para as ciências.

mencionadas em que conjuntura e condições aconteceram tais produções.

Olhando para um passado distante, chego, nas asas da imaginação, aos primeiros movimentos necessários para se efetuar a posse dessas terras por Portugal. Estruturada para atender às necessidades de enriquecimento da Metrópole e a economia na Colônia, até o século XVII, assentou-se inicialmente no extrativismo do pau-brasil e, depois, para garantir a posse da nova terra, no plantio da cana-de-açúcar. Modificou-se o enfoque da colonização pela ocupação para o do povoamento e cultivo da terra. Com isso, aportaram no Brasil membros da pequena nobreza portuguesa que se dispuseram a levar avante tal empresa. Daí, a necessidade da criação de escolas. Para tanto, como já ocorria em Portugal, o ensino ficou a cargo dos jesuítas, o que desobrigou a Coroa de custeá-lo.[29]

Quando aqui chegaram, em 1549, fundaram em São Vicente um seminário que se tornou o modelo para ensino médio por mais de duzentos anos. Embora tivesse como pressuposto a formação de sacerdotes, apresentava-se como a única opção para a formação da elite local, preparando-a para o ingresso nas universidades europeias. Observa-se, então, que o ensino médio, desde sua implantação, apresenta uma configuração elitista e propedêutica[30], cuja metodologia ainda

---

29 José M. R. Pinto. O Ensino Médio. In: R. P. Oliveira; Theresa Adrião. **Organização do ensino no Brasil**, p. 65.

30 Propedêutico significa preparação ou habilitação para um ensino mais completo. No contexto atual da educação brasileira, o

valoriza a disciplina e a memorização e o estudo das humanidades em detrimento das ciências experimentais.

O primeiro programa educacional, implantado pelo padre Manuel da Nóbrega, além de catequizar e instruir os indígenas, conforme determinavam os *Regimentos*,[31] atendia também aos filhos homens dos colonos, uma vez que eram os jesuítas os únicos educadores profissionais, e a educação feminina restringia-se a boas maneiras e prendas domésticas. O mérito deste plano era o de ter sido elaborado de forma diversificada para atender à diversidade aqui encontrada, mas a partir de 1599, com a publicação da *Ratio Studiorum*,[32] o ensino jesuítico optou definitivamente pela formação da elite colonial. Seguindo os padrões vigentes em Portugal, tal sistema adaptou-se perfeitamente às necessidades da política colonial e, ao privilegiar o trabalho intelectual, acabou por afastar os estudantes da realidade imediata e evidenciou as desigualdades sociais.

---

ensino propedêutico é aquele voltado para o ingresso nos cursos superiores por meio dos exames vestibulares, sem a preocupação com a formação profissional e sem a preocupação com uma efetiva formação integral dos alunos.

31 Os Regimentos eram a política de D. João III (17/12/1548) destinados à conversão dos nativos à fé católica por **meio da instrução e da catequese.**

32 **A Ratio Studiorum era a organização e plano de estudos da Companhia de Jesus (1599), fundamentado na cultura europeia.** Consistia em aulas elementares de Humanidades, Filosofia, Artes, e Teologia, possibilitando a obtenção dos títulos de bacharel, licenciado e mestre em artes.

No período em que ficou aqui, mais de duzentos anos, a Companhia de Jesus promoveu e sofreu modificações, *entretanto, sempre permaneceu fiel àquela educação humanista, tão cara aos portugueses e ao espírito escolástico, impermeável à pesquisa e experimentação científica.*[33] As escolas jesuítas remanescentes, até o presente, permanecem ensinando aquele aproveitamento do tempo defluente, de uma divisão por disciplinas, do tempo disponível, a fim de otimizar o estudo.

Só nos últimos anos do regime imperial é que se observa uma significativa modificação da paisagem social brasileira: o crescimento da classe média e sua participação na vida pública, a urbanização e a libertação dos escravos. Contudo, a Constituição de 1891 efetivou a descentralização do ensino proposta pelo Ato Adicional de 1834, reforçando a distância entre a educação para a classe dominante, concretizada nos níveis secundário e superior, e para o povo, restrita à educação primária e profissional. Neste contexto, foi adiada, mais uma vez, a criação de uma universidade brasileira, sob a influência do positivismo que também orientou a organização escolar.

A ideologia positivista comtiana funcionou como um inibidor para a expansão do conhecimento, pois, entre outras coisas, Comte afirmava que "a ciência estava pronta, acabada, pois seus fundamentos estavam

---

33 Walter Cardoso et al. **Para uma história das ciências no Brasil colonial**, p. 15.

consolidados". E ainda: "ciência, logo previsão, logo ação". O positivismo garantiu a justificação do poder técnico e, mais do que isso, do poder dos tecnocratas.

Infelizmente, os professores de ciências, herdeiros dessa concepção e fortemente marcados por ela, ainda hoje não se comprometem verdadeiramente com o estudo crítico dos processos históricos que compuseram e estruturaram os conceitos e as teorias de sua ciência. Quando tal estudo é desconsiderado, não se capacitam para elaborar uma crítica adequada ao saber científico, do próprio saber, do saber que lhes foi transmitido e que transmitem. Dessa maneira, acabam apenas retransmitindo resultados da Ciência, o que difere do ensino científico. Repetem um conhecimento descontextualizado, fragmentado e dogmático de uma ciência distanciada da história da vida. Este tipo de conhecimento traz consigo a ideia de que todas as descobertas científicas estão revestidas de certezas e são a única verdade válida. Essa forma de pensar no mito do progresso é, sem dúvida, uma visão triunfalista e de dominação.

Como exigência da Constituição de 1946, em outubro de 1948 foi encaminhado à Câmara Federal o projeto da Lei de Diretrizes e Bases da Educação Nacional, que só seria aprovado em 1961, em função dos amplos debates que desencadeou, em especial pelos defensores do ensino particular, representados pela escola católica à qual defendia seus interesses sob o ponto de vista pedagógico e jurídico.

No aspecto pedagógico, *a Igreja Católica acusa a escola pública de ter condições de desenvolver somente a inteligência e, enquanto tal, instrui, mas não educa. Ela não tem uma "filosofia integral de vida"*.[34] Portanto, apenas ela seria capaz de desenvolver a inteligência e formar o caráter, ou seja, educar. Em sua defesa, chegou ao extremo de relacionar o aumento da criminalidade ao aumento do número de escolas públicas. Contudo, o próprio Manifesto dos Pioneiros da Educação Nova (1931) já apontava suas preocupações formativas ao afirmar que:

> O físico e o químico não terão necessidade de saber o que está a se passar além da janela do seu laboratório. Mas o educador, como o sociólogo, tem necessidade de uma cultura múltipla e bem diversa; as alturas e as profundidades da vida humana e da vida social não devem estender-se além do seu raio visual. Ele deve ter o conhecimento dos homens e da sociedade em cada uma de suas fases, para perceber, além do aparente e do efêmero, o "jogo poderoso das grandes leis que dominam a evolução social" e a posição que tem a escola e a função que representa, na diversidade e pluralidade das forças sociais que cooperam na obra da civilização.[35]

---

34 Maria Luisa S. Ribeiro. **História da educação brasileira e organização escolar**, p. 166.

35 Fernando de Azevedo. **A educação entre dois mundos:** problemas, perspectivas e orientações, p. 60.

A Revolução de 1964 trouxe para a sociedade brasileira os chamados "anos de chumbo", gerados pelo governo arbitrário e pela ausência do estado de direito. Os reflexos desse período foram desastrosos na cultura e na educação, além dos prejuízos econômicos, políticos e do sofrimento dos perseguidos, torturados, mortos, "desaparecidos" e "suicidas".

No início desse período, o ensino de ciências baseado nos moldes positivistas começou a ser questionado e o ensino experimental fundamentado no princípio da aprendizagem por descoberta passou a ser visto como a solução para o problema. *Em 1964, surgiram as primeiras traduções dos livros didáticos norte-americanos orientados por esse novo procedimento. Então, as novas palavras de ordem eram: manipular, experimentar, observar.*[36] Tentava-se aproximar os alunos da atividade científica e nessa condição poderiam se deparar com algumas evidências diante das quais teriam de formular hipóteses adequadas para explicar o fenômeno observado, redescobrindo sozinhos, com base nos dados obtidos, o conhecimento científico. No entanto, as dificuldades mostravam-se as mesmas: os professores não tinham muita clareza do seu papel nessa proposta e passaram a acreditar que bastava fornecer os meios e materiais necessários para a execução do experimento e os estudantes aprenderiam sozinhos, só que isso não aconteceu.

---

36 Lais dos Santos Pinto Trindade. **Alquimia dos processos de ensino-aprendizagem em Química**, p. 43.

Ao transferir toda a responsabilidade pelo processo de aprendizagem para os alunos, abriram mão das suas funções de orientadores e mediadores do processo e não modificaram o enfoque de ensino, que continuou sendo o da transmissão. O equívoco dessa visão reside no fato de deslocar o eixo pedagógico de verbal para o experimental, acreditando, com isso, resolver os problemas de ensino de ciências. Todavia, é tanto possível dar péssimas aulas utilizando laboratórios e equipamentos sofisticados quanto dar boas aulas tendo o recurso da palavra, o quadro-negro e o giz. O que é preciso é um bom professor!

Com isso, poderíamos sustentar que o problema não é apenas de procedimentos, mas abarca outros fatores, mais complexos, que incluem, como já frisamos, **a visão da ciência de quem ensina**, que é tão particular quanto a sua visão de mundo.

A Lei 5.692/71 ampliou a escolaridade básica para oito anos, fundindo o ensino primário com o ginasial e tornou profissionalizante, obrigatoriamente, o ensino secundário, agora denominado segundo grau. Nos primeiros anos da minha carreira, a partir de 1975, lecionei para os alunos que eram produto desse processo. Contudo, essa Lei feria os interesses da elite que não tinha qualquer interesse na profissionalização de seus filhos; não teve, portanto, o apoio dos industriais, a quem tinha a intenção de beneficiar. Assim sendo, nove anos depois foi revogada, e o problema da escolarização superior, resolvido, da pior forma possível, com a expansão significativa das faculdades particulares. Analisando-a, verifica-se que essa Lei tinha um caráter tecnicista, com destaque na quantidade e não na qualidade, nas técnicas pedagógicas em detrimento dos ideais pedagógicos, na submissão e não na autonomia.

Com tais técnicas pedagógicas, o professor passa a ser um bom reprodutor de conteúdos. Na rede pública, e também na particular, aumentava cada vez mais o número de "professores de ciências" oriundos de outras áreas, como estudantes de medicina, engenharia, odontologia etc. Tais profissionais não tinham formação pedagógica, porém bastava repetir o que estava escrito nos livros didáticos e nas apostilas. Ou seja, o professor era qualquer um que pudesse ser treinado para repetir o conteúdo dos livros didáticos ou apostilas. Tal fato dava continuidade ao antigo modelo de ensino no qual profissionais da educação despreparados ensinavam ciências sem compromisso de sua contextualização. Continuávamos com o modelo escolástico.[37] Alguns desses profissionais acabaram depois sendo meus alu-

---

37 Típico modelo de sala de aula frontal, com o professor à frente e os alunos ouvindo, ou fingindo que ouvem, para depois serem avaliados pela literalidade com que repetem e reproduzem o que ouviram. José Pacheco (2006. p.1) explica que há quase um século, Freinet dizia que o único papel que o aluno desempenhava, no seu tempo, era o de uma fita magnética que gravava as palavras para as reproduzir, sem que existisse o menor processo de integração. E citava Montaigne: *"saber de memória, não é saber"*. Montaigne reagia ao *"costume escolástico de impor os conhecimentos como quem os despeja por um funil"*.

nos nos cursos de licenciatura nas Faculdades Oswaldo Cruz, na Universidade de Guarulhos e na Universidade de Santo Amaro. Que sistema educacional é esse que permite que tal fato ocorra na área de ciências? Infelizmente, isso também ocorre em outras áreas.

Nesse período, houve, de fato, um crescimento do número de escolas públicas, mas sem a ampliação dos recursos financeiros, o que resultou na sua degradação. Com isso, a classe média, interessada em um ensino de melhor qualidade, abandonou a rede pública, gerando o incremento das empresas de ensino privado.

Cursei o primeiro ano do curso científico em 1967 que, a partir do segundo ano, já era denominado colegial. Embora fosse essa a minha opção, passei a não gostar, como a maioria dos alunos, das disciplinas Física, Química e Biologia. Tinha muita dificuldade no seu aprendizado, pois os professores jamais se preocuparam em conhecer o significado da Ciência que ensinavam – sua origem, o contexto em que foi produzida, as escolhas que foram feitas etc. Além disso, vivíamos um período muito difícil e de intensa repressão ideológica. Não se faziam comentários sobre as aplicações da Ciência, restringindo-os aos conteúdos dos livros didáticos, geralmente adaptados de obras americanas, que visavam única e exclusivamente à formação propedêutica. Alguns desses livros, muito famosos na época, como o *Chemical Bond Approach*, foram traduzidos e adotados em várias escolas particulares. Durante o segundo ano colegial, tive três professores de Física, pois dois deles (um estudante de engenharia e um estudante de medicina) foram perseguidos e presos.

Também a minha graduação em Química nas Faculdades Oswaldo Cruz, a partir de 1974, ocorreu nos moldes tecnicistas vigentes. Tal tendência resultou da tentativa de aplicar na escola o modelo empresarial, que se fundamenta na racionalização, própria do sistema capitalista. Um dos objetivos dos incentivadores dessa vertente era, portanto, adequar a educação às exigências da sociedade industrial e tecnológica, evidentemente com economia de tempo, esforços e custos. Logo, para inserir o Brasil no sistema do capitalismo internacional, seria necessário tratar a educação como "capital humano". A Ciência era vista como uma forma de conhecimento objetivo, ou seja, passível de verificação rigorosa por meio da observação e da experimentação. O ensino tecnicista tinha como objetivo a mudança de comportamento do aluno por meio de treinamento com a finalidade de desenvolver suas habilidades. Era o auge do ensino profissionalizante que pouco durou, pois a maioria das escolas não tinha laboratórios adequados e professores preparados para oferecer esse tipo de ensino. Nessa época, os currículos não apresentavam flexibilidade. Será que hoje realmente apresentam?

Fiz a licenciatura em Química com um currículo de Bacharelado e, ao final, cursei as disciplinas comuns a todos os cursos de licenciatura: Didática, Psicologia da Educação, Estrutura e Funcionamento do Ensino de

Primeiro e Segundo Graus e Prática de Ensino. Não havia espaço para reflexões históricas e filosóficas acerca da Ciência. Era, realmente, um treinamento para desenvolver habilidades. Havia, e ainda há, um despreparo dos professores universitários, e isso afeta a formação em ciências de maneira geral, não só os licenciandos.

> Os professores universitários se comprometem pouco, muito aquém do necessário, com essa questão da formação de professores e com a sua auto formação pedagógica, deixando para outro grupo, geralmente externo ao curso, a formação didático-pedagógica de seus alunos que desejam se licenciar e exercer o magistério.[38]

Este tipo de formação era levado para as salas de aula do curso colegial. Em vez de promover nos estudantes o gosto pela pesquisa e o prazer pelo conhecer, valorizava apenas o conteúdo disciplinar. Leis, regras, fórmulas, cálculos, símbolos complicados, representações incompreensíveis. Era, e ainda é, assim que aprendem Química, Física etc., acreditando em um conhecimento verdadeiro e definitivo, abordado apenas de forma analítica. Conforme Trindade:[39]

---

38 Otávio A. Maldaner. **A formação inicial e continuada de professores de Química**, p. 47.

39 Lais dos Santos Pinto Trindade. **A alquimia dos processos de ensino-aprendizagem em Química**, p. 45.

> ... é uma fórmula mais rápida para cumprir a tarefa de transmitir uma grande quantidade de conteúdos; é também a mais segura, pois, assim, é o professor quem continua controlando o tempo e as situações vividas na sala de aula.

Outro aspecto a ser considerado é que o docente universitário não se envolve com a questão da formação dos alunos que pretendem ensinar ciências. O que se constata é a sua preferida dedicação às atividades de pesquisa científica, com uma distância entre investigação e docência, e suas consequências traduzidas, geralmente, na baixa qualidade de ensino.

> Por isso, os professores dos institutos ou departamentos de química, ao atribuírem às faculdades de educação a tarefa de formarem professores, esquecem ou ignoram que os conteúdos químicos precisam ser pedagogicamente transformados, disponibilizando-os para a promoção de aprendizagem dos futuros alunos de seus licenciandos. Em outras palavras, ignoram o que Perrenoud define como "a essência do ensinar", isto é, *a transposição didática*. Esse conceito implica que a docência necessita integrar o conhecimento acadêmico de química ao conhecimento pedagógico sobre o processo de ensino.[40]

---

40 Otávio A. Maldaner. **A formação inicial e continuada de professores de Química**, p. 14.

Como os professores em formação não podem ensinar diretamente os conteúdos conforme aprendem nas disciplinas científicas, com quem aprenderão sobre o que e por que ensinar determinado conteúdo de Química, Física, Matemática e Biologia no Ensino Médio? Definitivamente não será com os pedagogos, pois estes sabem outras coisas, mas não ciências. Este processo vem mudando gradualmente com a criação dos Institutos Superiores de Educação, onde os vestibulandos optam por cursos de licenciatura e não de bacharelado.

Na cidade de São Paulo, no Colégio Virgem Poderosa, em 1975, onde iniciei a minha carreira (ainda como estudante), havia o curso de Análises Clínicas, no qual todas as disciplinas profissionalizantes eram ministradas por dois professores: um estudante de biomedicina e uma estudante de bioquímica. Nesse mesmo ano, passei a lecionar na Escola Estadual Princesa Isabel (São Paulo). Desde as primeiras aulas, percebi que os livros didáticos, baseados na lógica tecnicista de conteúdos, não atendiam às minhas necessidades como professor. Queria algo mais e passei a elaborar textos complementares que envolviam a história e o desenvolvimento da Ciência. Senti que era mais fácil, dessa maneira, despertar o interesse dos meus alunos que tinham aversão às disciplinas científicas.

Em 1978, iniciei a minha carreira como professor universitário, lecionando Química Geral nas Faculdades Oswaldo Cruz. O ensino tecnicista continuava em vigor; havia um ciclo básico para os alunos de

Engenharia Química, Química Industrial, Licenciatura e Bacharelado em Química, Física e Matemática. Eram 17 turmas e o currículo era o mesmo para todas elas. Os alunos dessas turmas, vindos do segundo grau profissionalizante, eram produto da LDB 5.692/71. Ainda nesse ano passei a lecionar Química para os cursos de Licenciatura em Física, Matemática e Biologia na Universidade de Santo Amaro[41] e Química Analítica para o curso de Licenciatura em Química na Universidade de Guarulhos.[42] Senti que precisava, como já fazia no curso colegial, tornar minhas aulas mais interessantes. Procurava, desde aquela época, embora sem nenhuma sustentação teórica, pautar minhas aulas em um enfoque histórico. Percebi então que, ao situar as teorias de Química no contexto em que haviam sido produzidas, despertava maior interesse dos alunos.

Nessa época, ministrava muitas aulas no laboratório, o que me incentivava ainda mais nas pesquisas. Estava sempre acompanhado de vários livros e textos pertinentes às aulas. Nesse momento, a História da Ciência servia apenas para chamar a atenção dos alunos. Gradativamente, fui organizando os experimentos já conhecidos e tornando-os menos técnicos e mais didáticos. O resultado de todo esse trabalho foi a publicação, em 1981, do livro *Química Básica Experimental* pela Ícone Editora. Ainda hoje o livro é utilizado em muitas escolas de Ensino Médio

---

41 Na época, OSEC (Organização Santamarense de Educação e Cultura).

42 Na época, Faculdades Farias Brito.

e cursos básicos de Química em nível universitário. Em 1980, conheci o professor Márcio Pugliesi que lecionava a disciplina História e Desenvolvimento do Pensamento Científico, no curso de licenciatura em Química nas Faculdades Oswaldo Cruz, e esse contato ativou ainda mais o meu interesse pela História da Ciência.

As pesquisas sobre História da Ciência levaram-me à construção de um currículo paralelo[43] em que pude perceber que o desenvolvimento histórico da Química, Física e Matemática mostrava que estas ciências não precisavam ser ensinadas de modo tão fragmentado, tradicional e cansativo. O fruto desses primeiros anos de pesquisa foi a publicação, em 1983, do livro *Química Básica Teórica*, em parceria com Márcio Pugliesi, obra na qual a articulação dos capítulos foi feita em função da visão histórica do desenvolvimento da Química. Em 1981, ingressei no curso de Pedagogia, no Centro

---

43 Ricardo Hage de Matos explica que currículo paralelo é aquele que pode participar ativamente na formação de uma pessoa sem ser efetivamente reconhecido pelo currículo oficial. No geral, é formado por um arcabouço de saberes que faz sentido a uma determinada pessoa e que se configuram a partir das suas experiências e desejos mais profundos. O currículo paralelo funciona sempre em um âmbito de autodidatismo. Na realidade, um currículo paralelo pode ser o real responsável pela formação do indivíduo e mesmo assim ter sua importância ignorada pela escola bem como pelo próprio indivíduo formado. Ricardo Hage Matos é Doutor em Educação pela PUC-SP e professor de Metodologia de Pesquisa em Arte e Interdisciplinaridade; Arte e Ciência do Programa de Mestrado em Artes Visuais da Faculdade Santa Marcelina, São Paulo, SP.

Universitário Nove de Julho, UNINOVE,[44] onde tive uma forte predileção por História da Educação, o que me conduziu a pesquisas que foram muito importantes quando lecionei a disciplina Organização Escolar no ISE Oswaldo Cruz e que culminou com a publicação, em 2007, do livro *Os Caminhos da Educação e da Ciência no Brasil,* em parceria com a professora Lais dos Santos Pinto Trindade. Este livro mostra outros possíveis caminhos para conduzir conteúdos áridos dos livros didáticos ou dos programas de ensino, possibilitando, em cenários diversos, oferecer espaços para a discussão crítica dos conteúdos.

Outras necessidades apareceram, ampliando o leque de conhecimentos. Assim, cursei (1982-1983) uma especialização em Estudos Brasileiros na Universidade Mackenzie. Optei pela área de Estudos Psicossociais para desenvolver uma monografia que abordava alguns aspectos históricos e sociais da Umbanda no Brasil. Esta pesquisa tornou-se o embrião de outras mais profundas, sobre as raízes dos cultos afro-brasileiros, e o resultado foi a publicação de dez livros sobre o assunto, além de dois artigos no jornal *D. O. Leitura*, periódico cultural da Imprensa Oficial do Estado de São Paulo.

Por que essa escolha? Como a religião permeava a minha vida?

Apesar da formação religiosa católica herdada de meus pais, o meu despertar espiritual ocorreu apenas

---

44 Na época, Faculdades Nove de Julho.

aos 25 anos, quando tive o primeiro contato com o Espiritismo. Após cinco anos, com algum conhecimento sobre os aspectos da mediunidade, passei a frequentar templos de Umbanda, pois a sua ritualística tinha maior significado para mim. Em 1983, fui consagrado sacerdote de Umbanda.[45] Tornei-me também um pesquisador sobre as origens dessa religião. Essa pesquisa associada à minha vivência sacerdotal possibilitou então escrever a monografia e os livros.

Surgiram os conflitos: como ser professor em um instante e sacerdote em outro? Seria possível não separar as duas atividades? Seria possível ensinar ciências em um período e atender espiritualmente pessoas em outro, sem confundir a minha mente? Quais os benefícios que a religião e a vida sacerdotal poderiam trazer para a minha tarefa de educador?

Desde tempos imemoriais, o sacerdote é aquele que tem o compromisso de realizar os rituais e age como mediador entre os deuses e o homem. Sacerdócio e compromisso não podem caminhar em trilhas separadas. Por isso o sacerdote é o iniciado, aquele que conhece a si mesmo. *O conhece-te a ti mesmo é o principio de toda a sabedoria.*[46] O que é ser um professor-sacerdote? Um professor iniciado? É aquele que faz a mediação entre os alunos e o conhecimento? Magistério é sacerdócio?

---

45 Popularmente conhecido como Pai de Santo.

46 Ruy Cezar do Espírito Santo. **Autoconhecimento na formação do educador**, p. 23.

O tempo encarregou-se de resolver esses conflitos. A busca dos aspectos místicos da vida, na procura da origem e do sentido da existência, mostrou as conexões possíveis. A religião ampliou os meus horizontes, deslocando a minha racionalidade científica para valores que incluíam dimensões do ser, como a fé e a intuição. Ficou mais fácil a aproximação com os alunos, escutá-los, enxergá-los, entrar por inteiro na relação com eles sem perder a minha dimensão de professor. Despertar para outras realidades, sentir o Sagrado passou a fazer parte do meu cotidiano e, por conseguinte, das minhas práticas pedagógicas. O Sagrado não implica necessariamente em uma crença (não era necessário falar de religião com os alunos); é uma experiência que se traduz por um sentimento que une os seres e as coisas, resultando no absoluto respeito pela vida. *Tangenciar o Sagrado é descobrir a magia do ser humano, sua significação e grandeza.*[47]

**Como Hórus, percebi o sentido do entrelaçamento do destino divino com a realidade humana.**

A mudança de atitude como professor transpareceu e alguns alunos e professores acabavam me procurando como sacerdote no templo e na própria

---

47 Ruy Cezar do Espírito Santo. **O Renascimento do Sagrado na Educação**, p. 12.

escola. Passei a ter uma visão mais ampla do ensino e do conhecimento.

> *Esse conhecimento tem sido chamado de "holístico",*
> *de visão "interligada do universo",*
> *de "perspectiva gaia",*
> *de "nova era", pelo senso mais comum...*[48]

Como professor-sacerdote passei a habitar um mundo diferente, onde a interioridade faz diferença, onde o principal passou a ser a minha relação com os alunos. Percebi que a educação poderia acontecer nesse espaço invisível, que se estabelece a dois, um espaço-arte semanalmente construído.

Com o fim dos anos de chumbo e a Constituição de 1988, pressenti que talvez pudesse compartilhar um mundo pessoal com outros professores, que também sonhavam em ser educadores, em função das modificações importantes que passaram a ocorrer na educação brasileira. As mais importantes estão contidas nos artigos 205 e 208 da Constituição, que atribuem à educação um direito de todos e dever do Estado e da família, com acesso ao ensino obrigatório e gratuito como direito público subjetivo.[49] Estabeleceu, por Lei, o Plano Nacional de Educação, que tem, em linhas gerais, definidos como objetivos: o aumento do nível de escolaridade da população; a melhoria da qualidade de ensino em

---

48 Ibid, p. 11.

49 O direito público subjetivo é aquele que pode ser pleiteado no Poder Judiciário.

todos os níveis, reduzindo as desigualdades sociais e regionais no que se refere ao acesso e permanência na escola pública; além de democratizar o espaço escolar com a participação dos professores e da comunidade na elaboração do projeto pedagógico da escola.

Toda comunidade deve participar da elaboração do projeto pedagógico da escola: professores, alunos, coordenadores, supervisores, administrativos. Penso que também os funcionários da limpeza devem participar, pois sala de aula e banheiros limpos são importantes aspectos pedagógicos.

Embora o regime militar houvesse atribuído aos municípios a administração do ensino fundamental, não alocou recursos técnicos e financeiros para sua concretização. Apenas com a Constituição de 1988 é que o município passou a fazê-lo. Contudo, tal iniciativa velava os interesses neoliberais de reduzir os gastos sociais do Estado, o que se tornou mais claro após a promulgação da Lei 9.394/96, de Diretrizes e Bases da Educação, que centralizou na instância federal as decisões sobre currículo e avaliação e transferiu para a sociedade responsabilidades que seriam de sua exclusiva competência. Essa descentralização é um exemplo concreto *de uma política que centralizava o poder e descentralizava as responsabilidades.*[50]

Na elaboração da Constituição de 1988 observou-se, novamente, o embate entre os defensores do

---

50 José Carlos Libâneo et al. **Educação Escolar:** políticas, estrutura e organização, p. 36.

ensino público e do privado, agora com suas fileiras engrossadas pelos empresários da educação. Estes últimos classificavam o ensino público como ineficiente e fracassado diante da superioridade de suas instituições, mas omitiam os benefícios obtidos do próprio governo, como imunidade fiscal, garantia de pagamento das mensalidades e bolsas de estudo, além do descompromisso estatal com a educação pública, que deteriorou a estrutura da escola e o salário dos professores.

No que se refere ao Ensino Médio, cabe ressaltar que seus objetivos são ambiciosos, entretanto, distantes da realidade daquela que hoje é oferecida, exceto pelo seu *eterno* caráter propedêutico. Devemos ressaltar que, em grande parte, a maioria das escolas continua oferecendo esse tipo de ensino para atender aos anseios dos pais que, formados nos moldes tradicionais tecnicistas, não se preocupam com uma efetiva formação integral dos filhos, preocupando-se apenas com o seu ingresso nas melhores universidades.

É um absurdo a quantidade e o tipo de conteúdos de informações que os alunos devem estudar para o vestibular. Exige-se dos estudantes que eles saibam mais, em amplitude, do que sabem os cientistas já formados.

> A mente só guarda e opera conhecimentos de dois tipos: (1) os conhecimentos que dão prazer e (2) os conhecimentos instrumentais, que podem ser usa-

dos como ferramentas. Como uma altíssima porcentagem do que se exige para os exames vestibulares não é nem conhecimento que dê prazer nem conhecimento que se use como instrumento, esse supérfluo é logo esquecido. O esquecimento é uma operação de inteligência que se recusa a carregar o inútil e o que não dá prazer. A inteligência deseja viajar com leveza...[51]

A História da Ciência é um conhecimento que dá prazer, porém também é instrumental, porque pode ser uma ferramenta importante para o aprendizado das ciências.

> *Acordar para a ciência*
> *Percebê-la ligada à Vida*
> *Sua particular beleza*
> *Seu sentido no cotidiano de quem aprende.*[52]

Nos moldes tecnicistas, a beleza da Ciência não está presente e a educação atua no aperfeiçoamento da ordem social vigente, o sistema capitalista, articulando-se diretamente com o sistema produtivo; para tanto, emprega a ciência da mudança de comportamento, ou seja, a tecnologia comportamental. A escola deveria ser produtiva, racional e organizada e formar indivíduos capazes de se engajar rápida e eficientemente no mercado de trabalho.

---

51 Rubem Alves. **Estórias de quem gosta de ensinar**, p. 19.

52 Ruy Cezar do Espírito Santo. **Desafios na formação do educador**, p. 66.

Em 1989, fui aprovado no concurso público e assumi o cargo de professor de Química na antiga Escola Técnica Federal de São Paulo, depois Centro Federal de Educação Tecnológica de São Paulo, CEFET--SP e hoje Instituto Federal de Educação, Ciência e Tecnologia de São Paulo, IFSP. Lecionei até 1996 nos vários cursos técnicos dessa instituição. Quando a nova LDB entrou em vigor, os CEFETs passaram por uma transformação concernente à sua missão educacional: além dos cursos técnicos, começaram também a oferecer cursos superiores e o Ensino Médio, que teve as primeiras turmas, em São Paulo, em 1998.

A minha experiência no Ensino Médio do CEFET--SP, onde o enfoque do ensino era a formação de alunos críticos e pensantes e não de seres treinados para o vestibular, mostra que eles, geralmente, apresentam um bom rendimento nos exames da FUVEST, UNICAMP, UNESP etc. Não é necessário um ensino tecnicista para obter sucesso nos vestibulares. Isso porque, como vimos anteriormente, a mente só guarda e opera os conhecimentos que dão prazer e os conhecimentos instrumentais.

Com a LDB 9.394/96, o Ensino Médio passou a viver um momento de profundas transformações, exigindo novas abordagens e metodologias que possibilitam, de uma forma mais abrangente e humana, a integração ao mundo contemporâneo nas dimensões fundamentais da cidadania e do trabalho. Berger nos diz:

Tínhamos um ensino descontextualizado, compartimentado e baseado no acúmulo de informações. Ao contrário disso, buscamos dar significado ao conhecimento escolar, mediante a contextualização; evitar a compartimentação, por meio da interdisciplinaridade; e incentivar o raciocínio e a capacidade de aprender.[53]

Na ótica de Berger, pelo papel que assumiu na história da educação da maioria dos países, o Ensino Médio tornou-se particularmente vulnerável às desigualdades sociais. Enquanto a finalidade do Ensino Fundamental dificilmente está em questão, no Ensino Médio ocorre uma disputa constante entre orientações mais profissionalizantes ou mais acadêmicas, entre objetivos humanistas e econômicos. Essa tensão de finalidades torna-se evidente nos privilégios e exclusões quando, como no caso do Brasil, a origem social é o fator preponderante na determinação de quem tem acesso ao Ensino Médio e à qual modalidade se destina.

As diretrizes propostas nortearam a implantação do Ensino Médio no CEFET-SP.[54] Para os terceiros anos, estavam previstos blocos de disciplinas optativas, um dos quais foi chamado de Energia e Vida e ficou sob a responsabilidade da área de Ciências da Natureza, Matemática e suas tecnologias. A disciplina História da Ciência foi escolhida como unidade de caráter curri-

---

53 Ruy Leite Berger. **Parâmetros Curriculares Nacionais:** Ensino Médio, p. 13.

54 Centro Federal de Educação Tecnológica de São Paulo.

cular integrador. Enquadrou-se no Projeto Pedagógico da escola em seus três pontos basilares: História da Ciência como eixo temático, a interdisciplinaridade como método e também princípio filosófico-pedagógico norteador e a pedagogia crítico-social dos conteúdos como embasamento de caráter teórico.

Um antigo sonho ganhava vida. Finalmente, começava-se a perceber a importância desse estudo na formação do jovem. Seu eixo gerador – a compreensão dos conceitos científicos ao longo da história, vinculada ao desenvolvimento tecnológico e econômico da sociedade – procuraria relacionar os conteúdos estudados nas diversas disciplinas das Ciências da Natureza, Matemática e suas tecnologias com os "conteúdos" necessários para a vida e talvez passar a compartilhar com os estudantes um conhecimento capaz de despertar o desejo, o amor pelo saber.

> Conhecimento é coisa erótica, que engravida. Mas é preciso que o desejo faça o corpo se mover para o amor. Caso contrário permanecem os olhos impotentes e inúteis... Para conhecer é preciso primeiro amar.[55]

Em 2000, comecei a lecionar essa disciplina. As dificuldades foram se revelando em função da inexistência de referenciais teóricos para a ação pedagógica. A ideia era inédita no Brasil no que se refere ao Ensino Médio. O grande desafio tornou-se sair da posição de

---

55 Rubem Alves. **Estórias de quem gosta de ensinar**, p. 105.

ensinar, para aprender junto com os alunos. A pesquisa compartilhada trouxe consigo uma visão mais abrangente dos processos de ensino-aprendizagem-avaliação das Ciências da Natureza e de suas regiões de fronteira, onde convivem também a História da Ciência, a Filosofia, a História e a própria Ciência cuja história se pretende estudar. Trindade[56] diz que:

> Regiões de fronteira são regiões interdisciplinares, regiões de encontros e transformações que se concretizam no comprometimento do professor com seu trabalho e se alimentam pelas experiências e vivências rituais de sua arte, anunciando possibilidades de vencer os limites impostos pelo conhecimento fragmentado, transformando-o em espaços criativos.

Diz ainda que:

> O mundo é do tamanho do conhecimento que temos dele, portanto, de nós mesmos. Ao ampliar esse conhecimento, estendemos e estabelecemos nossas fronteiras, o mundo cresce, o sabor da busca se intensifica, o que confere à ação pedagógica um poder mágico: o de ir do presente ao passado, o de passear por lugares nunca vistos, o de alcançar e ultrapassar fronteiras transitando entre elas.

---

56 Lais dos Santos Pinto Trindade. **A alquimia dos processos de ensino-aprendizagem em Química**, pp. 133 -134.

Um dos resultados foi que, ao findar o curso, cada aluno tinha produzido uma monografia, algumas de qualidade excepcional. Quatro delas foram submetidas a uma banca examinadora constituída por mim como orientador, o professor Ricardo Roberto Plaza Teixeira, doutor em Física Nuclear, e o professor Marcos Pires Leodoro, na época mestre em Educação. Esses alunos destacaram-se no exame da FUVEST.

Nesse projeto de inclusão da disciplina História da Ciência no Ensino Médio no CEFET-SP, os alunos acompanharam o desenvolvimento científico da humanidade desde os primórdios da civilização até os dias de hoje. Nessa grandiosa aventura da História, nos seus vários momentos, estudaram como os seres humanos se relacionam, em todos os tempos, com o conhecimento.

Tal vivência possibilitou o desenvolvimento da minha pesquisa no Programa de Mestrado em Educação da UNICID,[57] em que pude ter um contato mais próximo com a interdisciplinaridade nos encontros semanais com a Professora Dra. Ivani Fazenda.

Ao assumir a condição de pesquisador interdisciplinar, o interesse pela investigação histórica ganhou um novo sentido em dimensão e profundidade, e o projeto tomou corpo e resultou na minha dissertação intitulada de: História da Ciência no Ensino Médio: um ponto de mutação – a interdisciplinaridade na formação de um professor (2002).

---

57 Universidade Cidade de São Paulo.

A pesquisa teve como objetivo analisar criticamente, sob a ótica da interdisciplinaridade, minha vivência como professor de História da Ciência no Ensino Médio e a função desta disciplina como eixo norteador para a Área de Ciências da Natureza, Matemática e suas tecnologias.

Privilegiei a minha vivência como procedimento metodológico, por meio da interdisciplinaridade. Para dialogar com a História da Ciência e a história de minha prática como professor de História da Ciência, elegi interlocutores os Parâmetros Curriculares Nacionais para o Ensino Médio, as Diretrizes Curriculares para o Ensino Médio, a interdisciplinaridade e a contextualização dos conteúdos.

Naquela pesquisa, tornou-se claro que o componente curricular História da Ciência se mostrou um instrumento interdisciplinar competente na produção e alteração do conhecimento, abrindo caminhos para o aluno, conduzindo-o à autonomia nos estudos e na sociedade. Possibilitou, então, um novo olhar sobre a Ciência, rompendo com antigos paradigmas, que conduziam à fragmentação do conhecimento, e incorporando os novos paradigmas da ciência pós-moderna com a visão holística do ser humano.

Por ser um assunto inédito, houve interesse na publicação da dissertação pela Madras Editora. Transformou-se em livro, publicado em 2005 com o título de *O Ponto de Mutação no Ensino de Ciências*. Desta experiência, surgiram outros dois livros, em parceria com a professora Lais dos Santos Pinto Trindade: *A História da História da Ciência:* uma possibilidade para aprender ciências, 2003, e *Temas Especiais de Educação e Ciências*, 2004, que conta ainda com a participação de outros professores da área, ambos publicados pela Madras Editora.

O relato da minha pesquisa foi apresentado como comunicação oral, em 2002, no V Encontro de Pesquisa em Educação da Região Sudeste da ANPED e no Primeiro Seminário Internacional de Educação da UNINOVE em 2003. Alguns artigos[58] decorrentes da pesquisa foram publicados na revista *Sinergia* e na Revista *CEAP Educação* (atual revista *Presente*) número 45. Ainda, em 2002, ministrei um curso sobre a inclusão da História da Ciência no Ensino Médio, para professores da Área de Ciências da Natureza, no SINPRO.[59]

Em 2002, passei a lecionar para os alunos do curso de Licenciatura em Física no CEFET-SP. O curso foi implantado em consonância com as novas Diretrizes Curriculares para a formação de professores, que propõe um novo paradigma para a formação de docentes e sua valorização. Nesse curso, exerci também a função de supervisor de estágios e participei da comissão de implantação e reconhecimento. Ficou sob minha responsabilidade a disciplina História, Ensino e Divulgação da Ciência, cujo objetivo é auxiliar na formação de professores de Física comprometidos

---

58 Vide anexo 3.
59 Sindicato dos Professores de São Paulo.

com o saber pertinente à sua área e com uma visão holística da Ciência e do conhecimento. Em 2004, iniciei um trabalho similar, nas Faculdades Oswaldo Cruz, fundamentado na minha experiência com os alunos do Ensino Médio. Passei a ministrar a disciplina História da Ciência aos alunos do curso de Formação de Professores de Ciências (Química, Física e Matemática) no recém-criado Instituto Superior de Educação. O objetivo desta disciplina é contribuir na formação de professores de ciências, mostrando a visão de Ciência como construção histórica no contexto social e produtivo do Planeta e do Cosmos.

> A ciência pode ser considerada como uma linguagem construída pelos homens e pelas mulheres para explicar o nosso mundo natural. Compreendemos essa linguagem (ciência) como entendemos algo escrito em uma língua que conhecemos.[60]

Essa linguagem é mais prazerosa e mais bem estudada segundo sua história.

Em 2003, já trabalhando com a História da Ciência no curso de formação de professores de Física, um aspecto novo chamou minha atenção. Não havia uma história da ciência brasileira? Por que as relevantes pesquisas de cientistas brasileiros não iam para a sala de aula?

Uma viagem a Petrópolis trouxe luz às minhas indagações. Inicialmente, uma visita à *Encantada*, a

---

60 Attico Chassot. **Educação conSciência**, p. 30.

casa onde durante alguns anos viveu Santos Dumont. Em seguida, em uma incursão à Biblioteca do Arquivo Histórico do Museu Imperial, tive acesso a uma história que eu pouco conhecia. D. Pedro II, José Bonifácio, Landell de Moura, Bartholomeu de Gusmão, Silva Telles, os sanitaristas,[61] os irmãos Rebouças e outros estavam lá. Consegui cópias de importantes documentos que retratam aspectos importantes do desenvolvimento histórico da ciência brasileira. Alguns desses documentos são os livros: *D. Pedro II e os sábios franceses* (1944), de Georges Raeders; *Conselhos à Regente* (1958), de João Camillo Torres; *Inícios de Chimica Médica* (1911), de Henrique Lacombe, um dos primeiros livros de Química publicado no Brasil; *D. Pedro II nos Estados Unidos* (1961), de Argeu Guimarães; *Os bolsistas do Imperador* (1956), de Guilherme Auler.

Mas o que fazer com aquele importante material?

Passei, juntamente com a professora Lais dos Santos Pinto Trindade, a produzir artigos com a intenção não só de publicá-los, mas também de compartilhar com os meus alunos essa fascinante aventura da ciência brasileira.

Os artigos foram escritos e publicados pela Madras Editora, em 2007, na primeira parte do livro *Os Caminhos da Ciência e os Caminhos da Educação:* história,

---

61 Oswaldo Cruz, Carlos Chagas, Adolpho Lutz, Vital Brazil e Emilio Ribas.

ciência e educação na sala de aula. No primeiro deles: *Os Caminhos da Ciência Brasileira – da Colônia até Santos Dumont*, em que é abordado o desenvolvimento da Ciência no Brasil desde a colônia até a transição do século XIX para o século XX, bem como o relato do árduo e difícil trabalho de cientistas que abriram o caminho para que a Ciência e a tecnologia pudessem conquistar um lugar de destaque na vida social de nosso país. O segundo, *Os Pioneiros da Ciência Brasileira: Bartholomeu de Gusmão, José Bonifácio, Landell de Moura e D. Pedro II*, são relatados os trabalhos desses amantes da Ciência que pavimentaram o caminho para o desenvolvimento da ciência brasileira.

Em seguida, foi escrito o artigo *Santos Dumont*, em que são mostrados alguns aspectos históricos da evolução da aeronavegação e, em particular, a grande contribuição de Alberto Santos Dumont quanto à dirigibilidade dos aeróstatos e o desenvolvimento de aeronaves mais pesadas que o ar, bem como os conflitos vividos por ele. O artigo *Os Sanitaristas* aborda o desenvolvimento da saúde pública no Brasil, bem como o brilhante trabalho dos principais médicos sanitaristas brasileiros no final do século XIX e início do século XX, que, com suas ações e dedicação, contribuíram para que milhões de brasileiros não fossem dizimados por várias epidemias.

A vida e a obra de Mario Schenberg, José Leite Lopes e César Lattes, cientistas de renome internacional, são destacadas no artigo *Os físicos*, enquanto em *Os químicos*, são mostrados alguns aspectos do desenvolvimento da Química em nosso país, bem como o brilhante trabalho de Vicente Coelho de Seabra Silva Telles e Otto Gottlieb. A relação entre a necessidade de afirmação do Estado brasileiro, as políticas culturais do imperador e sua tentativa de criar uma imagem para o nascente Estado brasileiro na segunda metade do século XIX, é abordada no texto *A História e a fotografia a serviço do Estado: D. Pedro II e afirmação da nação*. O último artigo, *A energia elétrica e as telecomunicações no Brasil: do Segundo Império até o Regime Militar*, mostra o desenvolvimento das telecomunicações no Brasil, a criatividade técnica, científica e empresarial de alguns brasileiros que atuaram no setor e as políticas governamentais que orientaram o processo de implantação da energia elétrica, do telégrafo, do telefone, do rádio e da televisão desde o Segundo Império até a introdução e fixação da televisão em cores na década de 1970. Esses textos passaram a ser trabalhados, com sucesso, nas aulas do Ensino Médio e na Licenciatura.

Um novo mundo da Ciência se descortinou para mim e meus alunos, mostrando que a História do Brasil estudada nas escolas é apenas aquela transferida dos livros didáticos para salas de aula. A maioria dos alunos do Ensino Médio e da Formação de Professores desconhece, por exemplo, que a atuação de José Bonifácio como *Patriarca da Independência* ocorre apenas nos últimos anos da sua vida, pois, anteriormente, ele construiu uma sólida reputação na Europa como filósofo natural, principalmente na área de Mineralogia, tendo sido criada para ele uma cátedra na Universidade de Coimbra para lecionar essa disciplina.

A minha tarefa como professor e pesquisador de História da Ciência ganhou novos contornos. O projeto desenvolvido no Ensino Médio passou, a partir de 2004, a ser oferecido para os alunos do segundo ano e o enfoque recaiu na articulação entre a História da Ciência, a Educação Científica e a Divulgação Científica. Nas Faculdades Oswaldo Cruz, também a partir de 2004, a disciplina História da Ciência teve uma recepção muito interessante por parte dos professores em formação, possibilitando uma interface com as demais disciplinas. Essas experiências serão analisadas nos próximos capítulos.

# II. Pressupostos teóricos

## 1. Interdisciplinaridade: um novo olhar sobre as ciências

> *A exigência interdisciplinar impõe a cada especialista que transcenda sua própria especialidade, tomando consciência de seus próprios limites para acolher as contribuições de outras disciplinas.*
>
> Georges Gusdorf

Adotando uma nova visão, que reconheço como interdisciplinar, da área de Ciências da Natureza, percebi que a História da Ciência pode ser uma disciplina aglutinadora. A contextualização sociocultural e histórica da Ciência e tecnologia associa-se às Ciências Humanas e cria importantes interfaces com outras áreas do conhecimento. O caráter interdisciplinar da História da Ciência não aniquila o caráter necessariamente disciplinar do conhecimento científico, mas completa-o, estimulando a percepção entre os fenômenos, fundamental para grande parte das tecnologias e desenvolvimento de uma visão articulada do ser humano em seu meio natural, como construtor e transformador desse meio.

A História da Ciência possibilita a construção e uma compreensão dinâmica da nossa vivência, da convivência harmônica com o mundo da informação, do entendimento histórico da vida científica, social, produtiva da civilização, ou seja, é um aprendizado com aspectos práticos e críticos de uma participação no romance da cultura científica, ingrediente primordial da saga da humanidade.

Torna-se necessário, assim, oferecer certos elementos e instrumentos conceituais básicos a respeito da interdisciplinaridade, a fim de que se garanta a compreensão dos principais problemas epistemológicos envolvidos nesse processo pedagógico. Não há aqui a intenção de fornecer uma definição acabada do que seja interdisciplinaridade, e sim refletir sobre algumas preocupações que fazem emergir uma nova forma de pensar e de agir sobre o mundo. No mundo atual, envolvido pelas exigências de contexto globalizante, é importante repensar as reivindicações geradoras do fenômeno interdisciplinar e suas origens, que desencadearam uma nova ordem de pensar sobre o homem, o mundo e as coisas do mundo, que se encontra em franca efervescência.

O fenômeno da interdisciplinaridade como instrumento de resgate do ser humano com a síntese projeta-se no mundo todo. Mais importante que conceituar é refletir a respeito de atitudes que se constituem como interdisciplinares. A dificuldade na sua conceituação surge porque ela está pontuada de atitudes e não simplesmente em um fazer; entretanto, precisa ser bem compreendida para que não ocorram desvios na sua prática, o que me levou a refletir sobre as reivindicações que a geraram e sobre suas origens. Isto é um exercício fascinante, já que ela pavimentou o caminho para outra nova ordem de se pensar o ser humano, o mundo e as coisas do mundo; velhos caminhos há muito esquecidos foram reabertos e, além disso, permitiu rever conceitos e certezas cristalizados na mente humana e viajar no tempo.

> O retorno às origens da significação humana do conhecimento é uma possibilidade de resgate da história do saber, é encontrar em cada paragem vivências e experiências relegadas ao esquecimento, deixadas de lado, até ridicularizadas, porque míticas, místicas, devocionais, ou mágicas, portanto subjetivas, contrariavam o racionalismo e a objetividade, dogmas adotados pela Ciência Moderna.[62]

No entanto, são componentes do humano, habitam a alma de todos nós e, frequentemente, decidem nossas ações.

---

62 Lais dos Santos Pinto Trindade. **A alquimia dos processos ensino-aprendizagem em Química**, p. 36.

O que estamos querendo dizer é que a ciência, por mais que elabore um discurso racional e objetivo, jamais poderá estar inteiramente desvinculada de suas origens religiosas, místicas, alquimistas ou subjetivas.[63]

Isto não significa que a atitude científica deva ser igualada à mística e uma reduzida à outra. A Ciência, na forma em que a conhecemos e a construímos no decorrer do tempo, não necessita do misticismo, nem este dela. No entanto, o ser, como humano, emerge da relação harmônica e dinâmica entre ambos.

Vivemos momentos de transição, de questionamentos, uma época em que nossos saberes e nossos poderes parecem estar desvinculados. Mais do que isso, o saber atual fragmentado dispersou-se pelo planeta e o centro dessa circunferência que antes era ocupado pelo homem se encontra, agora, vazio. O fantástico desenvolvimento científico e tecnológico que ora vivenciamos também trouxe uma preocupante carência de sabedoria e introspecção.

Ciência e tecnologia lançaram-se em uma correria cega sem prestarem atenção à paisagem de humanidade que as cerca, sem sonhar com o que deixaram atrás delas, para melhor obedecerem ao espírito frenético de conquista que as arrasta para um terrível futuro.[64]

---

63 Hilton Japiassu. **Revolução científica moderna**, p. 53.

64 Georges Gusdorf. Prefácio. In: Hilton Japiassu. **Interdisciplinaridade e Patologia do Saber**, p. 23.

Na ciência moderna, eleita a condutora da humanidade na transição das trevas para a luz, o conhecimento desenvolveu-se pela especialização e passou a ser considerado mais rigoroso quanto mais restrito seu objeto de estudo; mais preciso, quanto mais impessoal. Eliminando o sujeito de seu discurso, deixou de lado a emoção e o amor, considerados obstáculos à verdade.

Especializado, restrito e fragmentado, o conhecimento passou a ser disciplinado e segregador. Estabeleceu e delimitou as fronteiras entre as disciplinas, para depois fiscalizá-las e criar obstáculos aos que as tentassem transpor. *A excessiva disciplinarização do saber científico faz do cientista um ignorante especializado.*[65]

Criou um pássaro, deu-lhe asas potentes, mas que só alça voo no campo restrito da sua especialidade – trancou-o em uma gaiola. Também é verdade que isso possibilitou uma grande produção de conhecimento e tecnologia e permitiu melhores condições de sobrevivência. Contudo, as condições básicas para uma vida digna ainda não atendem a uma parcela importante da população mundial. Exploramos mundos distantes, do infinitamente grande ao infinitamente pequeno, mas pouco conhecemos sobre nós mesmos. Não há respostas para as questões fundamentais: seres vivos, não sabemos o que é vida; desconhecemos nossa origem e nosso destino.

Agora, novas realidades apresentam-se irredutíveis a componentes básicos ou princípios fundamentais,

---

65 Boaventura Souza Santos. **Um discurso sobre as ciências**, p. 46.

inexistentes em locais definidos do espaço, onde o tempo não é Cronos e nada tem significado isoladamente, tudo depende do todo. No entanto, na era do triunfo da razão, o irracionalismo parece se sobressair. Há muito, não temos um único dia de paz. Estamos na situação de Prometeu: roubamos o fogo do interior do átomo. Só que pela primeira vez na sua história, o homem adquiriu o poder de Zeus.[66] Com os conhecimentos da bionanotecnologia podemos modificar o patrimônio genético e interferir no processo da vida.

A ciência, utopia dos tempos modernos, prometeu bastante. No entanto, em aspectos fundamentais, revela-se decepcionante. Claro que os saberes científicos progrediram muito. Não se trata de contestar sistematicamente a física ou a química. São inegáveis os êxitos das técnicas ou da medicina, todavia os progressos materiais não confirmam de modo decisivo o valor de uma ciência que prometeu tornar a humanidade moralmente melhor; prometeu edificar uma ética e uma política fundadas em princípios científicos; comprometeu-se em revelar ao homem sua verdadeira origem, sua verdadeira natureza e seu verdadeiro destino. Mas não consegue cumprir suas promessas. Tampouco tem condições de resolver objetivamente os grandes enigmas com os quais se defronta a humanidade.[67]

---

66 Zeus é o mais importante dos deuses do panteão grego. Domina o céu e os fenômenos atmosféricos (chuva, raios, trovões), principalmente; mantém a ordem e a justiça no mundo, pois distribui os bens e os males.

67 Hilton Japiassu. **Revolução científica moderna**, p. 208.

Fruto de um conhecimento e de uma existência fragmentados e alienados, a humanidade assiste, perplexa, à crise das ciências, à crise do próprio homem. Esse saber especializado, distante da vida, sem proveito, interessa-se por tudo, menos pelo essencial, a essência da vida. Ao descobrir e simplesmente descrever fatos que não pode explicar, projeta o homem em um vazio de valores.

> Vivemos num mundo conquistado, desenraizado e transformado pelo titânico processo econômico e tecno-científico do desenvolvimento do capitalismo, que dominou os dois ou três últimos séculos. Sabemos, ou pelo menos é razoável supor, que ele não pode prosseguir "ad infinitum". O futuro não pode ser uma continuação do passado, e há sinais, tanto externamente como internamente, de que chegamos a um ponto de crise histórica.[68]

Uma época de crise configura-se como uma época de rupturas e questionamentos. Um tempo no qual somos convidados a pensar em outras possibilidades, rever antigos conceitos e concepções com um olhar que acolha múltiplas perspectivas e rejeite as explicações únicas ou as verdades universais que até agora nortearam nosso entendimento. É fato que a humanidade vive um momento histórico sem precedentes. A tecnologia diminuiu de tal forma as distâncias e o tempo, que já não é figura de linguagem, dizer que o mundo é uma

---

68 Eric Hobsbawn. **Era dos extremos:** o breve século XX – 1914-1991, p. 562.

pequena aldeia. Utilizada e desenvolvida inicialmente para atender a atividade econômica, a tecnologia faz-se agora sentir em todas as atividades humanas. Culturas diferentes passaram a ter um convívio mais próximo, o que evidenciou a interdependência e, por outro lado, aumentou o desejo de competição e dominação. Muito desentendimento surgiu, porque alguns querem que o mundo seja de uma única maneira, da sua maneira.

Para outros, é uma época difícil e dolorosa, mas também é estimulante e fascinante. Dolorosa, pois toda crise resulta de um descontentamento, efeito dos desmandos acumulados no decorrer do tempo, e fascinante, já que, diante dela, nos resta apenas a possibilidade de reverter tal quadro, procurando por novos caminhos que, provavelmente, ainda não foram traçados.

Entretanto, formado no antigo sistema, o professor depara-se com situações para as quais não foi preparado e convive com o paradoxo de a um só tempo formar o sujeito, o ser individual capaz de refletir sobre sua realidade pessoal, e um cidadão do mundo, capaz de conviver com as diversidades sem perder suas raízes. Parece missão impossível.

O olhar atento de Ivani Fazenda nos traz a uma possibilidade de posicionamento frente a essa crise:

> Fala-se em crise de teorias, de modelos, de paradigmas, e o problema que resta a nós educadores é o seguinte: é necessário estudar-se a problemática e a origem dessas incertezas e dúvidas para conceber uma educação que as enfrente. Tudo nos

leva a crer que o exercício da interdisciplinaridade facilitaria o enfrentamento dessa crise de conhecimento e das ciências, porém é necessário que se compreenda a dinâmica vivida por essa crise, que se perceba a importância e os impasses a serem superados em um projeto que a contemple.[69]

Se até o início do século XX a visão determinista, de um mundo onde tudo estava ordenadamente colocado em uma regularidade absoluta e previsível, confortava a humanidade, ao mesmo tempo abrigou o paradigma da simplicidade e da perfeita ordem universal. *Esta imagem de ordem era, na verdade, de uma extrema pobreza, posto que era a imagem da repetição, incapaz de dar conta do novo e da criação.*[70]

A metáfora da ciência moderna era a de um edifício pronto, acabado, e os cientistas conheciam cada um de seus tijolos, suas partículas fundamentais. Mas a partir de alguns descobrimentos na Química e na Física, essa forma de se situar no mundo foi profundamente abalada. Até mesmo a Ciência, que nos oferecia algumas explicações seguras, mostra-se agora povoada por dúvidas e incertezas.

A Teoria da Relatividade de Einstein, o Princípio da Incerteza de Heisenberg, o Princípio da Complementaridade de Niels Bohr, o Princípio da Dualidade

---

69 Ivani Fazenda. **Interdisciplinaridade:** História, Teoria e Pesquisa, p. 14.

70 Edgar Morin. **A religação dos saberes:** o desafio do século XX, p. 206.

de Louis de Broglie, o Teorema da Incompletude de Gödel e a Teoria das Estruturas Dissipativas de Prigogine demonstraram que o universo determinista e mecanicista, passível de ser dividido em partes, era fruto do desejo humano de controle sobre a Natureza e refletia apenas uma crença pessoal, não uma característica intrínseca da mesma. Tal concepção mostrou-se semelhante ao antigo universo animista, no qual deuses e deusas dispunham dos objetos à sua volta para satisfazer seus caprichos. Se no mundo determinista não há história nem criatividade, no mundo vivo a história tem um significado importante; e se o futuro é incerto, é porque na incerteza reside a semente de toda a criatividade.

> Tanto a teoria da relatividade quanto a teoria quântica implicam a necessidade de olhar para o mundo como um todo indiviso, no qual todas as partes do Universo, incluindo o observador e seus instrumentos, fundem-se em uma totalidade. Um todo indivisível em movimento fluente caracterizando o efetivo estado das coisas. A totalidade é o ponto vital de qualquer paradigma que surge dessas ideias.[71]

A partir daí, começou a surgir uma nova forma de pensar aliada a uma nova forma de perceber o mundo para se contrapor à fragmentação oriunda do pensamento linear e simplificador acomodado em nossas mentes.

---

71 Maria Cândida de Moraes. **O paradigma educacional emergente**, p. 70.

Este pensamento simples, acostumado apenas a abstrações,

> ...tem nos levado a tratar o meio ambiente natural – a teia da vida – como se ele se constituísse de partes separadas, a serem exploradas comercialmente, em benefício próprio, por diferentes grupos. Além disso, estendemos essa visão fragmentada à nossa sociedade humana, dividindo-a em outras tantas nações, raças, grupos religiosos e políticos. A crença segundo a qual todos esses fragmentos – em nós mesmos, em nosso meio ambiente e em nossa sociedade – são realmente separados alienou-nos da Natureza e de nossos companheiros humanos, e, dessa maneira, diminuiu-nos. Para recuperar nossa plena humanidade, devemos recuperar nossa experiência de conexidade com toda a teia da vida.[72]

Essa reconexão ou religação deixa de enfatizar apenas as partes e articula-se com o todo, em todas as suas implicações, em toda a sua complexidade e riqueza, já que o todo contém sempre algo mais que a soma das partes. Para Morin, daí nasceu uma nova forma de conhecer:

> Se quisermos um conhecimento segmentário, encerrado a um único objeto, com a finalidade única de manipulá-lo, podemos então eliminar a preocupação de reunir, contextualizar, globalizar. Mas se quisermos um conhecimento pertinente,

---

72 Fritjof Capra. **O ponto de mutação**, p. 230.

precisamos reunir contextualizar, globalizar nossas informações e nossos saberes, buscar, portanto, um pensamento complexo.[73]

A complexidade não traz consigo a ideia de menor perfeição, tampouco se relaciona ao que é complicado, obscuro ou inexplicável. Complexidade significa "o que está ligado, o que está tecido", portanto, ao reconhecer tal trama, a trama da vida, também reconhece a ordem e a desordem, a eventualidade e a incerteza do conhecimento. Assim se apresentam também o Cosmos e o mundo quântico, onde tudo se mostra interdependente, ligado, tecido, tal qual nos ensinou Palas Athena, em uma impressionante teia de eventos. Aqui não cabe mais o saber absoluto, que se tornou absolutista, ou o saber total, que se tornou totalitário. Porém, ainda cabe o homem.

Para lidar com essa complexidade, a interdisciplinaridade se apresenta como uma possibilidade de resgate do homem com a totalidade da vida. É uma nova etapa, promissora, no desenvolvimento da Ciência, onde o próprio conceito das ciências começa a ser revisto. Além disso, conforme nos lembra Santomé:

> Também é preciso frisar que apostar na interdisciplinaridade significa defender um novo tipo de pessoa, mais aberta, mais flexível, solidária, democrática. O mundo atual precisa de pessoas com uma formação cada vez mais polivalente para enfrentar

---

73 Edgar Morin. **A religação dos saberes:** o desafio do século XXI, p. 566.

uma sociedade na qual a palavra mudança é um dos vocábulos mais frequentes e onde o futuro tem um grau de imprevisibilidade como nunca em outra época da história da humanidade.[74]

Interdisciplinaridade é palavra nova que expressa antigas reivindicações e delas, nascida. Para alguns, surgiu da necessidade de reunificar o conhecimento; para outros, como um fenômeno capaz de corrigir os problemas procedentes dessa fragmentação; outros, ainda, a consideram uma prática pedagógica.

Mais importante do que defini-la, porque o próprio ato de definir estabelece barreiras, é refletir sobre as atitudes que se constituem como interdisciplinares: atitude de humildade diante dos limites do saber próprio e do próprio saber, sem deixar que ela se torne um limite; a atitude de espera diante do já estabelecido para que a dúvida apareça e o novo germine; a atitude de deslumbramento ante da possibilidade de superar outros desafios; a atitude de respeito ao olhar o velho como novo, ao olhar o outro e reconhecê-lo, reconhecendo-se; a atitude de cooperação que conduz às parcerias, às trocas, aos encontros, mais das pessoas que das disciplinas, que propiciam as transformações, razão de ser da interdisciplinaridade. Mais que um fazer, é paixão por aprender, compartilhar e ir além. De forma poética, Ruy Cezar do Espírito Santo[75] imagina a interdisciplinaridade assim:

---

74 Jurjo Torres Santomé. **Globalização e interdisciplinaridade:** o currículo integrado, p. 45.

75 **Desafios na formação do educador**, p. 124.

*Não há definição*
*Não há palavra*
*Não há conceito*

*Há perfeição*
*Intuição*
*Sabedoria nascente...*

O saber unificado surgiu quando a consciência humana emergiu da Natureza e expressou-se no mito. Nasceu, portanto, com o humano, como característica do humano. No decorrer dos tempos, com a diversificação das culturas, verificamos várias tentativas de se manter essa unidade. O Cosmos idealizado pelo pensamento grego refletia a condição do homem no mundo – "Conhece-te a ti mesmo e conhecerás os deuses e o Universo" – expressão maior de um conhecer em totalidade: o conhecimento de si, imagem dos deuses e do Universo.

Em uma releitura do passado, Ivani Fazenda *com os olhos de presente e de futuro,* promove um reencontro com Sócrates na história do conhecimento:

> Conhecer a si mesmo é conhecer em totalidade, interdisciplinarmente. Em Sócrates, a totalidade só é possível pela busca da interioridade. Quanto mais se interioriza, mais certezas vão se adquirindo da ignorância, da limitação, da provisoriedade. A interioridade nos conduz a um profundo exercício de humildade (fundamento maior e primeiro da interdisciplinaridade). Da dúvida interior à dúvida exterior, do conhecimento de mim mesmo à

procura do outro, do mundo. Da dúvida geradora de dúvidas a primeira grande contradição e nela a possibilidade de conhecimento... Do conhecimento de mim mesmo ao conhecimento da totalidade.[76]

Esse saber em totalidade, do que há de universal e de total no ser, expressava-se também no programa de ensino dos mestres gregos, a Paideia,

que não se reduzia a um acúmulo de conhecimentos. Ao contrário, seu objetivo centrava-se em permitir a formação e o desabrochar da personalidade integral. A Academia de Platão, o Liceu de Aristóteles e o Museu de Alexandria perseguiam este ideal e foram, em suas épocas, centros produtores do saber.[77]

O mesmo conceito persistiu no *trivium* (gramática, retórica e dialética) e no *quadrivium* (aritmética, música, astronomia e geometria) do *orbis doctrinae,* as sete artes liberais, uma forma de preservar e transmitir o conhecimento no período chamado medieval. Nessa época, o ensino tornou-se privilégio da Igreja Católica e acontecia nas escolas dos mosteiros. Daí surgiram as universidades, com o mesmo objetivo: o do conhecimento integral baseado nos valores religiosos. Até então, acreditava-se que as estruturas humanas, divinamente estabelecidas, não necessitavam de qualquer mudança fundamental.

---

76 Ivani Fazenda. **Interdisciplinaridade:** história, teoria e pesquisa, p. 15.

77 Hilton Japiassu. **Interdisciplinaridade e patologia do saber**, p. 89.

A estrutura científica que predominava nessa visão de mundo orgânica estava assentada no naturalismo aristotélico e na fundamentação platônico-agostiniana, e, depois, tomista, que consideravam de maior significância as questões referentes a Deus, à alma humana e à ética. Naquela época, o objetivo principal da filosofia era servir de base à teologia e tinha como causa de suas preocupações religiosas a salvação da alma após a morte.[78]

O regime social medievo entrou em processo de decadência, e, com ele, os ideais que lhe eram pertinentes. O Universo orgânico, vivo e espiritual começou a ceder. A fé e a contemplação não eram mais consideradas vias satisfatórias para se chegar à verdade. *Roma locuta, causa finita*[79] deixou de ser a norma e um novo caminho precisava ser encontrado.

Desde a Antiguidade, os objetivos da investigação científica tinham sido a sabedoria, a compreensão da ordem natural e a vida em harmonia com ela. A ciência era realizada para a maior glória de Deus ou, como diziam os chineses, para acompanhar a ordem natural e fluir na corrente do Tao.[80]

Como a Lei do Universo é o movimento, é a transformação, o homem também se transforma, as condições sociais e culturais modificam-se e acabam

78 Maria Cândida de Moraes. **O paradigma educacional emergente**, p. 33.

79 Roma falou, caso encerrado!

80 Fritjof Capra. **O ponto de mutação**, p. 52.

por propiciar grandes mudanças. Assim, ao percorrermos a história da humanidade, observamos o surgimento de uma nova mentalidade que deslocou o conhecimento das verdades divinas para as verdades do conhecimento humano. Nascia o indivíduo soberano, cuja existência estava além do seu lugar na rígida sociedade hierarquizada do sistema feudal. Essa mudança na maneira de como o homem via a si mesmo e ao mundo em que vivia marcou o início da Revolução Científica. Iniciada no século XV estendeu-se até o final do século XVII.

A Terra já não era mais o centro de um mundo limitado pelos céus. O Universo – infinito e dinâmico – revelou-se muito diferente do ideal da perfeição. Também ele conhecia nascimento e morte, organização, desorganização e transformação.

O deslocamento de Deus, que até então ocupava o centro do Universo foi seguido de uma profunda dúvida quanto ao lugar do homem e foi nesse ambiente de mundos em conflito que René Descartes (1596 – 1650) desenvolveu sua filosofia. Ao propor a existência de dois mundos distintos e irredutíveis: o da matéria e o da mente sugeriu que apenas na mente residia o "eu", e a matéria deveria ser tratada como algo desprovido de vida. A divindade, agora isolada do mundo, passou a ser o "Primeiro Motor da Criação" e, a partir daí, todo o mundo material poderia ser descrito em termos matemáticos. O conceito da natureza, como mãe nutriente, foi substituído pela metáfora do Universo como um relógio, que representava a ruptura com o tempo sagrado e indicava também uma ruptura com a Igreja. O mundo como uma máquina, destituída de emoção e de vida. Em Fazenda, encontramos que:

> O mim mesmo, o eu, o sou são reduzidos ao penso. Somente conheço quando penso. Conheço com o intelecto, com a razão, não com os sentimentos. Conheço minha exterioridade e nela construo meu mundo, um mundo sem mim, um mundo que são eles, porém não sou eu, nem sou eu, nem somos nós. A razão alimenta-se até exaurir-se de objetividades. Quando nada mais resta, tenta lançar mão da subjetividade, porém, ela não é alimento adequado, porque adormecida, porque entorpecida.[81]

A fé no modelo científico, fora do qual não há qualquer verdade, foi o fator limitante da concepção cartesiana e, no entanto, é, ainda hoje, muito difundida. Seu método, baseado no raciocínio analítico, alavancou o desenvolvimento do pensamento científico, contudo, de outro lado, acabou provocando uma profunda cisão no nosso modo de pensar, gerando o ensino disciplinar compartimentado.

> Parte da problemática educacional da atualidade decorre da visão de mundo cartesiana, do sistema de valores que lhe está subjacente, de correntes psicológicas que muito influenciaram e que continuam influenciando a educação.[82]

---

81 Ivani Fazenda. **Interdisciplinaridade:** história, teoria e pesquisa, p. 16.

82 Maria Cândida de Moraes. **O paradigma educacional emergente**, p. 121.

O tempo do saber unitário passou a sofrer uma desintegração crescente a partir do advento da modernidade. No século XVII, o surgimento das academias, para Japiassu,[83] foi uma tentativa de responder às necessidades de comunicação e do reagrupamento do saber unitário, aparecendo, assim, a primeira exigência interdisciplinar como compensação pela fragmentação inevitável do conhecimento.

No século XVIII, diante da necessidade de reunir todo o saber acumulado e como resultado de uma nova ordem econômica, social e intelectual, foi publicada a *Encyclopedie*. Segundo Chassot,[84] a intenção de Diderot e D'Alembert fora a de reunir o conhecimento disperso, sob a autoridade da Ciência, buscando uma conexão entre os diversos ramos do saber. Mas as tentativas mostraram-se improfícuas.

Em decorrência dos avanços tecnológicos do século XIX, surgiram novas ciências, novas especializações. Nas regiões de fronteira de cada disciplina, apareceram outras mais. Para Japiassu,[85] verdadeiras cancerizações epistemológicas.

Iniciou-se o século XX e novos descobrimentos assombraram a humanidade. A Ciência consolidou-se como a única possibilidade de um saber verdadeiro, de se conhecer a realidade desvelada, e que, algum dia,

83 Hilton Japiassu. **Interdisciplinaridade e patologia do saber**, p. 67.

84 Attico Chassot. **A ciência através dos tempos**, p. 168.

85 Hilton Japiassu. **Interdisciplinaridade e patologia do saber**, p. 89.

possibilitaria ao homem adquirir o conhecimento dos arcanos divinos. Mas veio a Primeira Guerra Mundial; logo depois, a Segunda, e com ela Hiroshima e Nagasaki, a exterminação em massa; depois, as catástrofes ecológicas, a crise de energia, a escassez de água potável... Longe de cumprir suas promessas, concretizou as mais sombrias predições. A crise alojara-se como reflexo de um saber/existir fragmentado.

Diante desse quadro, a necessidade de uma retomada da unidade perdida cresceu. Assim é que a Europa anunciou, na década de 1960, a interdisciplinaridade, como uma forma de oposição ao saber alienado, como um símbolo de retorno do humano no mundo. Como vimos, longe de ser uma necessidade do nosso tempo, o tema do conhecimento interdisciplinar remonta à época de sua desintegração. Por isso sua meta não é a de originar uma nova ciência que *se situaria para além das disciplinas particulares, mas seria uma "prática" específica visando à abordagem de problemas relativos à existência cotidiana.*[86]

No Brasil, a interdisciplinaridade chegou no final dos anos 1960 e, de acordo com Fazenda, com sérias distorções, como um modismo, uma palavra de ordem a ser explorada, usada e consumida por aqueles que se lançam ao novo sem avaliar a aventura. Diz ainda que, no início da década de 1970, a preocupação fundamental era a de uma explicitação terminológica.

---

86 Gerard Fourez. **A construção das ciências**, p. 136.

A necessidade de conceituar, de explicitar, fazia-se presente por vários motivos: interdisciplinaridade era uma palavra difícil de ser pronunciada e, mais ainda, de ser decifrada. Certamente que antes de ser decifrada, precisava ser traduzida, e se não se chegava a um acordo sobre a forma correta de escrita, menor acordo havia sobre o significado e a repercussão dessa palavra que ao surgir anunciava a necessidade da construção de um novo paradigma de ciência, de conhecimento, e a elaboração de um novo projeto de educação, de escola e de vida.[87]

Em 1976, Hilton Japiassu, o primeiro pesquisador brasileiro a escrever sobre o assunto, publicou o livro *Interdisciplinaridade e a Patologia do Saber*, onde apresenta os principais problemas que envolvem a interdisciplinaridade, as conceituações até então existentes e faz uma reflexão sobre a metodologia interdisciplinar, baseado nas experiências realizadas até então.

Outro evento importante foi a publicação, em 1979, da obra de Ivani Fazenda, *Integração e Interdisciplinaridade no Ensino Brasileiro:* Efetividade ou Ideologia, onde busca estabelecer a construção de um conceito para interdisciplinaridade. Coloca a interdisciplinaridade como uma atitude, um novo olhar, que permite compreender e transformar o mundo, uma busca por restituir a unidade perdida do saber.

A década de 1980 caracterizou-se mais pela busca dos princípios teóricos das práticas vivenciadas por

---

87 Ivani Fazenda. **Interdisciplinaridade:** história, teoria e pesquisa, p. 16.

alguns professores. A perspectiva era a de superar esta fragmentação gerada pela perda do conhecer em totalidade. Apesar disso, a interdisciplinaridade continuou a se disseminar de forma indiscriminada, já que, de fato, poucos professores a conheciam. Assim, nos anos 1990, um grande número de projetos, denominados interdisciplinares, surgiu ainda baseados no modismo, infelizmente sem qualquer fundamentação.

Por outro lado apareceu, conforme Fazenda,[88] neste mesmo tempo, um processo de conscientização da abordagem interdisciplinar, expressa no comprometimento do professor com seu trabalho e alimentada pelas experiências e vivências de suas próprias práticas pedagógicas. Anunciavam, então, possibilidades de, mais do que vencer os limites impostos pelo conhecimento fragmentado, tornar essas fronteiras disciplinares territórios propícios para os encontros.

Para compreender melhor o sentido do termo interdisciplinar, é necessário considerar as diferentes perspectivas de abordagem propostas por Yves Lenoir:[89] a lógica do sentido, a lógica da funcionalidade e a lógica da intencionalidade fenomenológica.

A lógica do sentido é caracterizada por aspectos críticos da epistemologia, ideológicos e sociais do continente europeu e, em particular, da França, mantendo uma estreita relação com o saber disciplinar e

---

88 Ivani Fazenda. **Novos enfoques da pesquisa educacional**, p. 112.
89 Yves Lenoir. **Três interpretações da perspectiva interdisciplinar em educação em função de três tradições culturais distintas**, p. 5.

com a apropriação do saber, ou seja, a instrução nos moldes do espírito do pensamento republicano francês. Para os franceses, educar é sinônimo de instruir. É uma concepção resultante do pensamento racional de Descartes e da ação filosófica de Voltaire e de outros filósofos. Questiona-se antes o sentido da ação em que é muito importante a relação do saber para a disciplina científica.

A lógica da funcionalidade baseia-se no desenvolvimento do saber fazer. Para os norte-americanos, a liberdade humana passa pela socialização, que abarca estes três aspectos. Tal liberdade não mantém ligação direta com os conhecimentos, mas, sim, com a capacidade de agir dentro e sobre o mundo. A educação caminha pelos sentidos da prática das relações humanas e sociais. Ocorre, então, o desenvolvimento de um conceito vocacional centrado no desenvolvimento simbólico, que concilia a ética protestante e a nova ordem industrial, além do desenvolvimento de formações profissionais. Este conceito é proveniente da necessidade de inserção e integração do ser humano em uma sociedade jovem multiética e religiosa, pois os valores religiosos puritanos do Protestantismo evidenciam o trabalho como realização de ajudar e agradar a Deus em contraponto ao Catolicismo Romano para o qual o trabalho não é valorizado como via de salvação.

Para os norte-americanos a relação com o sujeito é primordial e o ponto central não é o do saber, e sim o da funcionalidade, do saber fazer, que requer um pouco do saber ser. Ficam então em evidência as questões pedagógicas que propiciam os meios mais pertinentes para atender a essas finalidades, de modo que o sujeito possa integrar-se, através de suas aprendizagens, às normas e aos valores sociais apropriados no cerne do currículo, além de desenvolver habilidades práticas para a sua intervenção no mundo.

A lógica brasileira da intencionalidade[90] fenomenológica está direcionada para o terceiro elemento do processo didático, que passa pela mão do professor no seio de sua pessoa e de sua ação. A interdisciplinaridade volta-se para o ser humano e procede então uma aproximação fenomenológica. Ivani Fazenda faz uma construção metodológica do trabalho interdisciplinar fundamentado na análise introspectiva do professor e de suas ações docentes, de modo que possibilita o ressurgimento dos seus aspectos interiores que lhe são desconhecidos.

> Não existe nada suficientemente conhecido. Todo o contato com o objeto a conhecer envolve uma readmiração e uma transformação da realidade. Se o conhecimento fosse absoluto, a educação poderia constituir-se em uma mera transmissão e memorização de conteúdos, mas como é dinâmico, há necessidade da crítica, do diálogo, da comunicação, da interdisciplinaridade.[91]

---

90 Refletir e fazer.
91 Ivani Fazenda. **Interdisciplinaridade:** qual o sentido?, p. 41.

A perspectiva adotada é fortemente influenciada pela fenomenologia com o olhar dirigido para a subjetividade no plano metodológico. A aproximação fenomenológica da interdisciplinaridade mostra a crença na intencionalidade, na necessidade do autoconhecimento, na intersubjetividade e no diálogo, centrando-se no saber entendido como a descoberta do apoio para o estudo dos objetos inteligíveis e a necessidade de atitudes reflexivas sobre a sua ação.

Estas três lógicas distintas, saber, fazer e sentir, aproximam a interdisciplinaridade das diferentes perspectivas que mostram a existência de seus distintos conceitos teóricos em educação. Faz-se necessário apreender cada uma delas dentro de sua singularidade e perceber a complementaridade entre elas.

A revisão contemporânea do conceito de Ciência nos direciona para a exigência de uma nova consciência, que não se apoia somente na objetividade, mas que assume a subjetividade em todas as suas contradições.

Vários grupos de pesquisa no mundo todo vêm discutindo e anunciando a superação das limitações impostas pelo conhecimento fragmentado e compartimentado, proveniente inclusive das especializações, por meio da interdisciplinaridade, cuja proposição permite reconhecer não só o diálogo entre as disciplinas, mas também, e, sobretudo, a conscientização sobre o sentido da presença do homem no mundo.

> A construção da pesquisa em interdisciplinaridade na corrente de FAZENDA obriga a transformação do pesquisador de mero agente, operário da pesquisa, em livre-pensador e formador de opinião, dado que este se torna o "dono" de seu próprio método. Ele não tem a obrigação de coletar dados, como de fazer parte destes dados. O objeto de pesquisa torna-se seu próprio pesquisador.[92]

A prática interdisciplinar pressupõe uma desconstrução, uma ruptura com o tradicional e com o cotidiano tarefeiro escolar. O professor interdisciplinar percorre as regiões fronteiriças flexíveis onde o "eu" convive com o "outro" sem abrir mão de suas características, possibilitando a interdependência, o compartilhamento, o encontro, o diálogo e as transformações. Esse é o movimento da interdisciplinaridade caracterizada por atitudes ante ao conhecimento.

## 2. Olhando para os textos legais

O olhar sobre a minha prática pedagógica como professor de História da Ciência no Ensino Médio exige uma análise de alguns tópicos dos "Parâmetros Curriculares Nacionais: Ensino Médio do Ministério da Educação para localizar a disciplina História da Ciência dentro das concepções expressas na Lei de Diretrizes e Bases da Educação – Lei 9.394/96".

---

92 Ricardo Hage Matos. **O sentido da práxis no ensino e pesquisa em artes visuais:** uma investigação interdisciplinar, p. 45.

O Ensino Médio no Brasil vem passando por profundas transformações que exigem novas abordagens e metodologias que possibilitam, de uma forma mais ampla e humanística, que os alunos se integrem ao mundo contemporâneo nas dimensões fundamentais da cidadania e do trabalho.

Até a metade do século XX, o ponto de ruptura do sistema educacional brasileiro localizou-se na zona rural, no acesso à escola obrigatória e, nas zonas urbanas, na transição entre o antigo curso primário e o secundário, caracterizada pelo "exame de admissão ao ginásio". Lembro-me de que em 1960, com 10 anos de idade, concluí o curso primário, porém, em virtude da idade, não pude passar pelo ritual do exame de admissão. Cursei então o que era chamado de quinto ano primário, que servia de preparatório para tal exame, no qual fui aprovado no início de 1962.

Com a crescente universalização do Ensino Fundamental de oito anos,[93] a ruptura passou a expressar-se de maneiras distintas: diferenciação da qualidade, comprovada pelos índices alarmantes de retenção e evasão; até o final dos anos 1990, a dificuldade de acesso ao Ensino Superior em função do número insuficiente de salas de aula do Ensino Médio. Após a superação dessa dificuldade, uma nova se manifesta: o número de vagas nas universidades públicas não atende à maioria da população e os alunos passam a procurar as universidades particulares, as quais muitos não conseguem pagar.

---

93 Atualmente nove anos.

O aumento da retenção e da evasão que acompanha o crescimento da matrícula no Ensino Médio mostra o fato de que a oferta desse nível de ensino a um número maior e muito mais diversificado de alunos é um trabalho tecnicamente complexo e politicamente conflitivo. Chamo a atenção para o que ocorre no Ensino Médio público no Estado de São Paulo, onde a procura por vagas no Centro Estadual de Educação Tecnológica Paula Souza e no IFSP, que oferecem um ensino diferenciado em relação à Rede Estadual de Ensino, atinge índices muito altos. As 400 vagas oferecidas anualmente pelo IFSP são disputadas por mais de 10 mil candidatos.

Pelo papel que assumiu na história da educação da maioria dos países, o Ensino Médio tornou-se particularmente vulnerável às desigualdades sociais. Enquanto a finalidade do Ensino Fundamental nem sempre é questionada, no Ensino Médio ocorre uma disputa constante entre orientações mais profissionalizantes ou mais acadêmicas, entre objetivos humanistas e econômicos. Essa tensão de finalidades torna-se evidente nos privilégios e exclusões, quando, como no caso do Brasil, a origem social é o fator principal na determinação de quem tem acesso ao Ensino Médio e à qual modalidade se destina.

Com o fracasso da política de profissionalização universal criada pela LDB 5.692/71, a cobrança sobre o destino social dos alunos tornou-se mais intensa no Ensino Médio. Por isso, sua universalização passou a ser encarada como um desafio da década de 1990.

A Constituição Brasileira de 1988, em seu artigo 205, estabelece que:

> A educação, direito de todos e dever do Estado e da família, será promovida e incentivada com a colaboração da sociedade, visando ao pleno desenvolvimento da pessoa, seu preparo para o exercício da cidadania e sua qualificação para o trabalho.

A Lei 9.394/96 de Diretrizes e Bases da Educação, em seu artigo 22, reconhece a função fundamental da educação básica na formação da cidadania:

> A educação básica tem por finalidades desenvolver o educando, assegurar-lhe a formação comum indispensável para o exercício da cidadania e fornecer-lhe meios para progredir no trabalho e em estudos posteriores.

A atual LDB transforma assim, em norma legal, o que já estava previsto no Artigo 208 de Constituição de 1988 e que oferece ao Ensino Médio o estatuto de direito de todo cidadão.

A Secretaria de Educação Média e Tecnológica do Ministério da Educação organizou a reforma do Ensino Médio como parte de uma política mais geral de desenvolvimento social, que tem como prioridade as ações na área da educação. As propostas de reforma curricular baseiam-se nas constatações sobre as mudanças no conhecimento e seus desdobramentos, no que se refere à produção e às relações sociais de modo geral.

A partir da década de 1990, a quantidade de informações produzidas como consequência das novas tecnologias, principalmente a Informática, são sequencialmente superadas, determinando novos parâmetros para a formação de cidadãos. Não se trata de acumular conhecimentos. A formação do aluno deveria visar à aquisição de conhecimentos básicos, à preparação científica e à capacidade de utilizar diferentes tecnologias relativas às áreas de atuação.

Propõe-se então, no Ensino Médio, a formação geral, em lugar da formação específica; o desenvolvimento das capacidades de pesquisar, buscar informações, analisá-las e selecioná-las; a capacidade de aprender, criar, formular, em vez do simples exercício de memorização.

O projeto de reforma curricular do Ensino Médio foi apresentado pelo professor Ruy Leite Berger Filho e discutido em debates abertos à população, como o organizado pelo jornal *Folha de São Paulo* em 1997. O projeto obteve uma aprovação consensual. Em junho daquele ano, um documento foi encaminhado ao Conselho Nacional de Educação. Nessa fase, a Secretaria de Educação Média e Tecnológica trabalhou interligada à relatora indicada pelo CNE, a professora Guiomar Namo Mello, e com assessorias de professores especialistas. O parecer de número 15/98 da Câmara de Educação Básica (CEB) do CNE foi aprovado em 01 de junho de 1998. Em seguida foi elaborada a Resolução 03/98, que estabeleceu as Diretrizes Curriculares

Nacionais para o Ensino Médio, à qual o parecer se integra. O Ensino Médio passou então a constituir-se na etapa final de uma educação de caráter geral que localiza o aluno como sujeito que produz conhecimento e participa do mundo do trabalho. Pelo menos deveria ser assim.

Mesmo considerando as dificuldades que precisam ser superadas, uma proposta curricular contemporânea deverá incorporar como um de seus eixos norteadores as tendências apontadas para o novo milênio. Assim, deve ser levada em conta a crescente presença da Ciência e da tecnologia nas atividades produtivas e nas relações que estabelecem um ciclo constante de mudanças e rupturas que fazem emergir questões de ordem ética e moral em nível global.

A globalização econômica e a revolução tecnológica criaram novos modelos de socialização, processos de produção e também novas definições de identidade individual e coletiva. Perante o mundo globalizado e em transformação, que apresenta inúmeros desafios para o ser humano, a educação credencia-se como uma utopia indispensável à humanidade na construção da paz, da liberdade e da justiça social. Em função de tal conjuntura, a construção de novas alternativas curriculares para o Ensino Médio deve estar comprometida com o novo paradigma do trabalho no contexto do mundo globalizado. Deve-se priorizar uma aprendizagem constante, a formação da ética e do desenvolvimento da autonomia intelectual e do pensamento crítico. Não faz sentido memorizar conhecimentos que estão sendo constantemente superados ou cujo acesso é viabilizado pela moderna tecnologia. É necessário que os alunos desenvolvam competências[94] básicas que possibilitem o desenvolvimento da capacidade de aprendizado contínuo.

A LDB 9.394/96 determina a construção de currículos, no Ensino Fundamental e no Ensino Médio, "com uma Base Nacional Comum, que deve ser complementada em cada sistema de ensino e estabelecimento escolar, por parte diversificada, exigida pelas características regionais e locais da sociedade, da cultura, da economia e da clientela" (artigo 26). Este mesmo artigo determina a obrigatoriedade, nessa Base Nacional Comum, de:

> ... estudos da Língua Portuguesa e da Matemática, o conhecimento do mundo físico e natural e da realidade social e política, especialmente no Brasil, o ensino da arte [...] de forma a promover o desenvolvimento dos alunos, e a Educação Física, integrada à proposta pedagógica da escola.

Quando a LDB destaca as diretrizes curriculares específicas do Ensino Médio, preocupa-se em assinalar um planejamento e desenvolvimento do currículo de forma orgânica, superando a organização por disciplinas estanques e revigorando a integração dos conhecimentos, em um processo permanente de

---

94 Competência é uma capacidade de mobilizar diversos recursos cognitivos para enfrentar um tipo de situações. Philippe Perrenoud. **Dez novas competências para ensinar**, p. 15.

interdisciplinaridade. Essa proposta de organicidade está contida no artigo 36:

> ... destacará a Educação tecnológica básica, a compreensão do significado de ciência, das letras e das artes; o processo histórico de transformação da sociedade e da cultura; a língua portuguesa como instrumento de comunicação, acesso ao conhecimento e exercício da cidadania.

A Base Curricular Nacional foi organizada por áreas de conhecimento, e isso não implica desconsideração ou esvaziamento dos contextos, mas a seleção e integração dos que são importantes para o desenvolvimento pessoal e para o estabelecimento da participação social. Esse conceito de organização curricular não despreza os conteúdos específicos, mas pondera que eles devam fazer parte de um processo global com várias dimensões articuladas. A reforma curricular do Ensino Médio estabeleceu a divisão do conhecimento escolar em três áreas: Linguagens, Códigos e suas tecnologias; Ciências da Natureza, Matemática e suas tecnologias; e Ciências Humanas e suas tecnologias. A organização dessas três áreas tem como base a reunião daqueles conhecimentos que compartilham objetos de estudo e geram, em função de sua facilidade de comunicação, condições para que a prática escolar se desenvolva em uma perspectiva de interdisciplinaridade.

Em virtude das necessidades desta pesquisa, detive-me na área de Ciências da Natureza, Matemática e suas tecnologias. A aprendizagem das Ciências da Natureza deve contemplar formas adequadas de construção de sistemas de pensamentos mais abstratos e com novos significados, que as trate como um processo cumulativo do saber e de rupturas de consensos e pressupostos metodológicos. A aprendizagem de concepções científicas atualizadas do mundo físico-natural e o desenvolvimento de estratégias de trabalho centradas na solução de problemas são a finalidade da área, de forma a aproximar o aluno do trabalho de pesquisa científica e tecnológica, como atividades institucionalizadas de produção de conhecimentos, bens e serviços. Além disso, deve compreender que a Matemática é uma linguagem que procura dar conta de aspectos do real e que é importante instrumento formal de expressão e comunicação para as várias ciências. É fundamental levar em conta que as ciências, bem como as tecnologias, são construções humanas localizadas historicamente e que os objetos de estudos por elas situados e os discursos elaborados não se confundem com o mundo físico natural, embora este seja mencionado nesses discursos.[95]

A aprendizagem na área de Ciências da Natureza, Matemática e suas tecnologias mostra o entendimento e o uso dos conhecimentos científicos para tentar explicar o funcionamento do mundo, bem como planejar, executar e avaliar as ações de interferência na

---

95 A Ciência não é um relato ou expressão do mundo natural. Ela faz abstrações, retira e isola, elimina as variáveis.

realidade. A organização das Ciências da Natureza tem ainda como objetivo a compreensão do significado da vida humana e social, de forma a colocar o aluno como participante ativo ante as várias questões políticas e sociais para cujo entendimento e solução as Ciências da Natureza assumem um papel referencial significativo.

Quando se denomina a área como sendo não apenas de ciências e Matemática, mas também de suas tecnologias, percebe-se claramente que, em cada uma das disciplinas, tem-se como objetivo promover competências e habilidades que sustentam o exercício de intervenções e julgamentos práticos, ou seja, um significado amplo para a cidadania e também para a vida profissional, além da articulação de uma visão do mundo natural e social.

Em uma visão interdisciplinar da área de Ciências da Natureza, Matemática e suas tecnologias, a História da Ciência é uma disciplina aglutinadora. Podemos citar como exemplos que um entendimento atual do conceito de energia, dos modelos atômicos e moleculares não é algo particular da Física, pois, do mesmo modo, diz respeito à Química e é fundamental para a Biologia Molecular. São conceitos que transitam entre essa e outras disciplinas e que podem também ser interpretados quantitativamente pela Matemática. A poluição ambiental não é, em particular, um problema físico, químico ou biológico. Não cabe apenas nas fronteiras das Ciências da Natureza, mas igualmente das Ciências Humanas.

As mudanças significativas para o ensino de ciências no Ensino Médio pressupõem também novas concepções na formação de professores de ciências.

Na década de 1970, vivíamos uma situação desfavorável, no interior das universidades, com relação à formação de professores e ao seu potencial de socialização e integração do conhecimento das várias áreas.

> Durante muito tempo prevaleceu uma tradição de desqualificação dos profissionais que atuam nas faculdades de educação e dos professores que elas formam nos cursos de pedagogia, de licenciaturas e de pós-graduação. Essa tradição foi sendo atualizada em níveis cada vez mais complexos ao se definirem as concepções sobre o papel da universidade, estimulando certas áreas e/ou cursos em detrimento de outros.[96]

A formação de professores era então considerada, na maior parte dos casos, como um mero apêndice dos cursos de bacharelado. Isso fica patente nas universidades públicas, onde o aluno cursava o bacharelado em ciências nas faculdades ou institutos de Física, Matemática, Biologia, Química e depois cursava as "disciplinas pedagógicas" (Didática, Psicologia da Educação, Estrutura e Funcionamento do Ensino de Primeiro e Segundo Graus e Prática de Ensino) que lhe conferiam o título de licenciado nesta ou naquela disciplina. Na maioria das instituições superiores a situação era ainda

---

96 Clarice Nunes. **Formação docente no Brasil:** entre avanços legais e recuos pragmáticos, p. 118.

pior, pois não se ofereciam disciplinas optativas para os professores em formação, além das acima mencionadas. Tínhamos, na verdade, "bacharéis que podiam ministrar aulas legalmente", mesmo que, muitas vezes, não houvesse vocação para a profissão de professor.

O docente universitário não se envolvia com a questão da formação de seus alunos que aspiravam exercer o magistério, na expectativa de que outros cumprissem tal tarefa. Também não eram discutidas as bases epistemológicas da Ciência. O problema é que muitos ainda aceitam a ideia de que o conhecimento científico é um conhecimento comprovado e, segundo Chalmers,[97] *confiável porque é conhecimento provado objetivamente*. Tal visão, já formalizada, tende a ser reforçada e repetida.

Não havendo nenhum questionamento, perpetua-se e concretiza-se em uma crença. Ao não serem confrontados, em seus cursos de formação, com as perspectivas filosóficas e históricas do conhecimento, o estudo das ciências continua apoiado no conceito positivista de que a Ciência é fruto do trabalho de dedicados cientistas que descobrem as verdades já escritas na natureza, das quais nos aproximaremos até as desvelarmos completamente através da observação e de medidas mais rigorosas. Sem condições de analisar criticamente o projeto de ensino, os futuros docentes acabam retransmitindo um programa em uma lógica de conteúdos baseada no conhecimento estruturado de

---

97 Alan F.Chalmers. **O que é ciência afinal?**, p. 23.

quem já sabe ciências, no qual os alunos não encontram sentido e, portanto, não aprendem.

No caso dos antigos currículos de Formação de Professores, percebe-se claramente uma falta de critérios na seleção das partes constituintes do currículo, pois as "disciplinas pedagógicas" eram as mesmas para todos os cursos de formação de professores no país inteiro. Não havia, portanto respeito à especificidade do curso e nem aos aspectos regionais de cada um deles.

Uma análise dos currículos dessa época revela o pressuposto de que a constituição da competência para atuar em uma determinada área deveria ser feita pela integração de diversos saberes isolados. Em outros termos, esses currículos eram respaldados pela máxima "o todo é a soma das partes".

Nas atuais políticas educacionais pretende-se introduzir no cenário nacional uma nova compreensão do professor e de sua formação, tomando a reforma institucional como base, determinando novas instâncias para a sua realização, como os institutos superiores de educação. Os documentos apresentados na reforma trazem de forma acentuadamente pragmática, a competência profissional para o lugar central da formação. *Entre os princípios norteadores vinculados ao exercício profissional específico, as diretrizes são fortemente marcadas pela noção de competência como concepção nuclear na orientação da formação, em lugar dos saberes docentes.*[98]

---

98 Gaudêncio Frigotto. **Novos desafios para a formação de professores**, p. 34.

Uma das competências gerais para a formação de professores é o domínio de conteúdos disciplinares específicos, de articulação interdisciplinar, multidisciplinar e transdisciplinar dos mesmos, tendo em vista a natureza histórica e social da construção do conhecimento e sua relevância para compreensão do mundo contemporâneo.

O Parecer CNE/CP 9/2001, que interpreta e normatiza a exigência formativa desses profissionais, estabelece um novo paradigma para essa formação:

> O padrão de qualidade se dirige para uma formação holística que atinge todas as atividades teóricas e práticas, articulando-as em torno de eixos que redefinem e alteram o processo formativo das legislações passadas. A relação teoria e prática deve perpassar todas estas atividades as quais devem estar articuladas entre si tendo como objetivo fundamental formar o docente em nível superior.

De acordo com o mesmo parecer que apresenta as Diretrizes para a formação de professores da educação básica, em nível de graduação plena, a orientação assumida pela atual reforma educacional consolida a direção de formação superior para três categorias de carreiras: Bacharelado Acadêmico, Bacharelado Profissionalizante e Licenciatura. Assim, a Licenciatura ganha identidade, integralidade e terminalidade próprias. O aluno ingressa no curso superior diretamente na Licenciatura, não mais ficando atrelado ao bacharelado e não sendo mais uma formação meramente complementar e acessória.

Consolida-se de vez, de forma oficial, a identidade da formação do licenciado, ainda mais que as licenciaturas ganham espaço próprio nos Institutos Superiores de Educação.[99] Os alunos não mais precisam ingressar em um bacharelado para depois cursar a licenciatura. Ele ingressa diretamente em um curso de formação de professores.

A partir das novas concepções delineadas pelo Parecer CNE/ CP 9/2001, os desenhos curriculares dos cursos de licenciatura em ciências (Física, Matemática,

---

[99] A Legislação atual (CNE. Resolução CP 1/99, exige a criação do Instituto Superior de Educação (ISE) para a oferta de qualquer curso de formação de professores para a Educação Básica: seja o Curso Normal Superior, que oferece a licenciatura para a Educação Infantil; a Licenciatura, para os Anos Iniciais do Ensino Fundamental; ou os demais cursos de Licenciatura, nos campos específicos do conhecimento. Há duas formas possíveis para a criação de um ISE):
a) Como instituição isolada, por meio de pedido de credenciamento;
b) Como unidade em faculdade: por meio de encaminhamento ao MEC/SESU, de proposta de alteração regimental da mantenedora já credenciada, acompanhada de projeto institucional pedagógico para formação de professores. A exigência do curso normal superior para quem cursou ou cursará o normal até 2007 caiu por terra por um parecer do Conselho Nacional de Educação (CNE). Nesse parecer, o Conselho autoriza os professores do ensino infantil, que atende crianças de até 6 anos de idade, e das quatro 1.ᵃˢ séries do ensino fundamental, a lecionarem sem a formação superior. O Conselho Nacional de Educação apoia-se na interpretação dada à Lei de Diretrizes e Bases da Educação (LDB), de 1996.

Química e Biologia) orientam-se pela articulação entre o ensino de conceitos de Física, Matemática, Química ou Biologia e as questões relativas ao ensino dos mesmos na educação básica.

Como vimos anteriormente, os currículos antigos privilegiavam a integração de saberes isolados. Contra essa dissociação, vários cursos de licenciatura em ciências vêm construindo currículos, seguindo o espírito das Diretrizes, em que deve ocorrer uma articulação dos saberes, voltada à capacitação do futuro professor para situações diretamente relacionadas à sala de aula. A ideia básica é que o currículo e os espaços curriculares (disciplinas) sejam concebidos como auto similares, ou seja, *as diretrizes para o desenho curricular são válidas também para a constituição dos espaços curriculares.*

> Uma forma de significar o conhecimento é colocar os conceitos no seu contexto de construção histórica e social. Desse modo, a história e a sociologia da ciência, assim como seus aspectos gnoseológicos, podem ser pensados como elementos importantes para a articulação dos temas constitutivos dos espaços curriculares através da interdisciplinaridade.[100]

No âmbito da formação de professores, a interdisciplinaridade diz respeito à importância da cultura geral para articular os conhecimentos específicos de uma determinada área à totalidade do ensino. Segundo as Diretrizes para a Formação Inicial de Professores, ela

---

100 Marcos Pires Leodoro. **Plano do Curso de Formação de Professores para o Ensino de Física**, p. 5.

deve propiciar ao professor a capacidade de *"compreender o papel do recorte específico da sua disciplina na área de organização curricular em que se insere"*, bem como na elaboração e execução de projetos e atividades interdisciplinares.

Os espaços curriculares devem contemplar uma formação do professor baseada no ciclo ação/reflexão/ação, articulando conhecimento experiencial, pedagógico e dos conteúdos da área/disciplina em que o professor irá atuar. Uma estratégia para o trabalho conjunto dos professores em formação e o formador é aquela indicada por Schön[101] como "sala dos espelhos", que pressupõe um paralelismo entre a situação de formação e aquela da prática profissional.

> Para tanto é necessário que o professor desenvolva uma série de competências associadas a uma compreensão de questões que circulam no interior da educação e ao redor dela: o papel social da escola, a ação educacional orientada para valores estéticos, políticos e éticos. É importante que a formação do professor, caracterizada como inicial, propicie uma vivência que possa capacitar o profissional para o processo da investigação educacional e o gerenciamento do seu desenvolvimento profissional.[102]

*A implantação dos novos currículos é uma tarefa e, pela sua própria natureza, só poderá ser desenvolvida*

---

101 D. Schön. **Educando o profissional reflexivo**, p. 23.

102 Marcos Pires Leodoro. **Plano do Curso de Formação de Professores para o Ensino de Física**, p. 8.

*por meio de cursos superiores universitários que asse-*
*gurem a interface entre várias áreas do conhecimento*
*e o espaço para a produção científica.*[103] A História da
Ciência pode ser um instrumento importante para
articular essa interface.

A História da Ciência é fundamental para ressaltar o papel da Ciência como parte da cultura humana
acumulada ao longo dos séculos, cultura, com a qual
uma educação científica efetivamente emancipadora
deve estar sempre preocupada.

Um enfoque, nestes moldes, da História da Ciência
implica em uma formação adequada do professor e de
sua inclusão nos currículos[104] de Formação de Professores de ciências. O momento histórico e o contexto
cultural atual pedem a construção de um currículo para
a Formação de Professores de ciências que possa legitimar a escolarização necessária para sua aplicação no
Ensino Médio em função dos Parâmetros Curriculares
Nacionais que apontam para o reconhecimento do sentido histórico da Ciência e da tecnologia, percebendo
seu papel na vida humana em diferentes épocas e na
capacidade humana de transformar o meio.

---

103 Acácia Zeneida Kunzer, 1999. **A formação dos profissionais
de educação:** propostas de diretrizes curriculares nacionais, p. 32.

104 Goodson diz que o currículo não passa de um testemunho
visível, público e sujeito a mudanças, uma lógica que se escolhe
para, mediante sua retórica, legitimar uma escolarização. Como tal,
o currículo escrito promulga e justifica determinadas intenções básicas de escolarização, à medida que vão sendo operacionalizadas
em estruturas e instituições. **Currículo:** teoria e história, p. 34.

Alguns cursos de Formação de Professores, já desvinculados dos bacharelados, vêm construindo seus currículos tendo como eixo norteador a História da Ciência. Podemos citar como exemplo, o curso de Licenciatura em Física do IFSP, onde o viés histórico da Ciência é trabalhado na disciplina Ciência, História e Cultura. Nela, por exemplo, o tema Radioatividade, estudado historicamente, é retomado nas disciplinas Física Nuclear e Física Moderna.

As Faculdades Oswaldo Cruz criaram o Instituto Superior de Educação, no qual o curso de Formação de Professores ganhou a sua independência do bacharelado. Os dois anos iniciais são comuns para os cursos de Física, Matemática e Química. No terceiro ano, os alunos fazem a sua opção por uma das três licenciaturas. No primeiro ano, a História da Ciência aparece como articuladora e aglutinadora das demais disciplinas. Nas séries subsequentes, as demais disciplinas retomam, de forma mais aprofundada, os seus aspectos históricos de modo que contextualizassem histórica e socialmente os seus conteúdos.

Tais experiências têm sido muito proveitosas, pois deslocam a visão restrita, cartesiana e positivista da Ciência e possibilitam aos professores em formação uma visão mais abrangente e holística do conhecimento, percebendo também que a realidade pode ser interpretada de várias maneiras, sendo a Ciência apenas uma delas.

O objetivo da disciplina História da Ciência, em um curso de formação de professores, não é descrever a história ou acumular conhecimento sobre a história, mas propiciar uma análise crítica das condições da criação e apropriação do conhecimento científico pelas diversas culturas e atestar que tal conhecimento está sujeito a transformações. Além disso, essa disciplina deve propiciar questionamentos às pretensões de verdade, deve revelar perguntas que não são feitas nas demais disciplinas do currículo para a formação do professor.

## 3. A História da Ciência – sua importância como disciplina

> ...a ciência precisaria ser estudada segundo sua história, visto que uma ciência do passado não pode ser considerada o passado da ciência atual. O que queremos dizer é que cada ciência precisa ser pesquisada em seu passado, compreendendo-se as condições em que foi produzida e, sobretudo, que métodos considerados hoje ultrapassados constituí-ram-se, em sua época, em um grande avanço.[105]

A primeira reflexão que devemos fazer é sobre a natureza da História. O que é História? Um simples relato das batalhas, tratados, biografias de personalidades, jogos políticos de estadistas, leis e decretos de governantes não constituem a tessitura da História.

---

105 Diamantino Fernandes Trindade; Lais dos Santos Pinto Trindade. **A História da História da Ciência**, p. 4.

Quando perguntamos para a maioria das pessoas o que é História, ouvimos as seguintes respostas: é a ciência que estuda o passado, os fatos que aconteceram um dia; também é muito comum e talvez seja esta a resposta mais preocupante: é a ciência que estuda os fatos que aconteceram "de verdade" no passado. Mas, afinal, estas respostas estão erradas? Dentro de uma concepção positivista de História, as respostas estariam perfeitas. Mas será que o positivismo é a melhor forma de estudar História? É possível que não. Para os positivistas, era possível fazer uma história que realmente descrevesse o passado como ele verdadeiramente aconteceu, sendo o historiador um ser que, como em um passe de mágica, pudesse se ver livre de seu tempo e de seus ideais para construir uma história imparcial.

> Definir História como uma disciplina é muito difícil. Podemos considerar o objeto da História como entender a aventura da espécie humana na sua busca de sobrevivência e de transcendência. Em função dessa busca se dá a geração de estratégias para explicar, apreender, conhecer e lidar com o ambiente natural, social, cultural e imaginário, a organização intelectual e social dessas estratégias, e difusão das mesmas.[106]

> *Este processo não é linear, é cíclico: ... ↔ geração ↔ organização intelectual e social ↔ difusão ↔ ...*[107]
As estratégias são organizadas por afinidade de estilos,

---

106 Ubiratan D'Ambrósio. **História das ciências e ficção**, p. 1.
107 Ibid, p. 1.

de objetos e de métodos. O conjunto dessas estratégias, organizados por afinidade quanto aos objetos visados e aos métodos, constituem sistemas de conhecimento, onde se destacam as artes e as técnicas, as religiões e as ciências.

*A História da Ciência é um metaestudo, sobreposto a uma complexa intersecção de diversas áreas, gerado e nutrido por uma rede de diversas interfaces.*[108] É nossa tarefa, como professores, mostrar que ela não é um enorme guarda-chuva formado por todo e qualquer trabalho referente à ciência: como catálogos, divulgação científica, ficção científica e ensaios permeados e repletos de opiniões. O seu estudo e reflexão oferecem a todos que assim o desejarem uma chave necessária às leituras mais ricas, interessantes e prazerosas, que podem estimular o raciocínio dos alunos.

A História da Ciência é a visão holística da Ciência sustentada pela interdisciplinaridade. Porém, nem sempre ela foi vista sob este olhar.

Desde a década de 1950, a História da Ciência está presente, como disciplina optativa, em vários cursos da Universidade de São Paulo, e na Unicamp, a partir da década de 1970. Com as novas Diretrizes Curriculares, alguns cursos de Formação de Professores em ciências passaram a incluir esta disciplina, como obrigatória, nas séries iniciais.

---

108 Ana Maria Alfonso-Goldfarb; Maria Helena Roxo Beltran. **Escrevendo a História da Ciência:** tendências, propostas e discussões historiográficas, pp. 6-7.

Que motivos levam uma Instituição de Ensino Superior a implantar a disciplina História da Ciência no currículo dos cursos de Licenciatura em ciências?

Para tentar responder, esta questão, é importante fazer um breve histórico acerca da implantação e do desenvolvimento dessa disciplina em alguns cursos de ciências.

*Desde a sua fundação, em 1934, sempre houve algum interesse pela História da Ciência na Universidade de São Paulo.*[109] Vários cientistas estrangeiros convidados para constituírem os primeiros grupos de pesquisa na universidade cultivavam a História da Ciência, considerando-a importante tanto como fonte de inspiração para a pesquisa quanto instrumento pedagógico para o ensino universitário.

Não é de se estranhar então que vários pesquisadores brasileiros, formados por esses mestres estrangeiros, mostrassem sensibilidade por essa disciplina. Outros ainda a procuravam como um dos instrumentos para suprir as faltas e as deficiências de um ambiente universitário com pouca tradição de pesquisa. A USP não surgiu pelo amadurecimento de condições favoráveis à Ciência ou à tecnologia, mas da vontade política de determinados segmentos da elite paulistana.

Nas primeiras décadas após a fundação da USP, o Brasil continuou tendo principalmente uma economia agrário-exportadora, apesar da política de

---

109 Shozo Motoyama. **Prelúdio para uma história:** ciência e tecnologia no Brasil, p. 233.

industrialização por substituição de importações. [110] Assim, a falta de um amadurecimento técnico ou industrial não fornecia o substrato adequado para a criatividade científica ou para a inovação tecnológica. Desse modo, as referências vinham do estrangeiro. Em parte, isso podia ser suprido pela História da Ciência que, em tese, possuía condições para promover a compreensão do significado social da Ciência. Não foi por acaso que a primeira geração de cientistas da USP mostrou grande interesse pela História da Ciência.

Na década de 1950, tivemos alguma pesquisa na área de História da Ciência estimulada pelo sociólogo Fernando de Azevedo que organizou o livro *As ciências no Brasil*, onde cada capítulo era dedicado ao desenvolvimento histórico das disciplinas científicas existentes no país. Vários profissionais de renome participaram desse trabalho, como Abrão de Morais, Viktor Leinz, Mário Guimarães Ferri, Heinrich Rheinboldt, entre outros.

Apesar desse interesse, cursos regulares de História da Ciência praticamente inexistiram nos primeiros anos da USP. Essa situação começou a mudar na década de 1960, quando teve início a expansão do ensino universitário no Brasil. Nessa época, o departamento de Física da USP criou a disciplina História das Ciências Físicas, sendo o primeiro curso regular a funcionar em todo o Brasil. O físico Plínio

---

110 Havia já naquela época uma política que propunha o desenvolvimento da indústria nacional para substituir as importações.

Sussekind da Rocha foi contratado especialmente para ministrar essa disciplina.

Na década de 1970, formou-se na USP o Núcleo de História da Ciência coordenado por Shozo Motoyama e que contava com Juinichi Osada, Maria Amélia Dantes, Carlos Henrique Liberalli, Simão Mathias e Geraldo Florshein. De acordo com as diretrizes da Reforma Universitária, implantada em todo Brasil, o Departamento de História ficou encarregado de ministrar as aulas de História da Ciência para toda Universidade. Ainda na década de 1970, foi criado o Instituto de Física Gleb Wathagin na Unicamp, que teve, na figura de Roberto Andrade Martins um grande incentivador do ensino da História e Filosofia da Ciência.

No âmbito da pós-graduação, merece destaque o Centro Simão Mathias (CESIMA), ligado ao <u>Programa de Estudos Pós-Graduados em História da Ciência</u>, da PUC-SP, que congrega graduandos, pós-graduando e pesquisadores de diferentes áreas e instituições, tendo em vista a realização de estudos de interface centrados em História da Ciência. Desde sua criação, em 1994, vem organizando seminários, cursos de curta duração e outros importantes eventos. O CESIMA é considerado uma referência mundial no estudo e pesquisa de História da Ciência.

A disciplina História da Ciência foi e, em alguns casos, ainda é uma disciplina optativa nos cursos de ciências. Como já citamos adiante, os cursos de Formação de Professores começaram a ganhar identidade própria há poucos anos, pois sempre foram vistos como meros apêndices dos bacharelados. Assim, sempre que a disciplina História da Ciência era oferecida, constituía-se em mais uma "perfumaria" para os alunos conseguirem créditos fáceis. O motivo desta depreciação é a maneira pela qual foi, e às vezes ainda é ensinada.

Muitas vezes a História da Ciência é concebida como uma coleção de curiosidades científicas e, outras tantas tal qual uma coleção de anedotas como um determinado grego (Arquimedes) correndo nu pelas ruas gritando "eureca"; um inglês (Newton) sonhando em um jardim enquanto as maçãs caíam sobre sua cabeça; Einstein gostava de usar roupas velhas e mostrar a língua; a mãe de Kepler era uma feiticeira. Quando não cai sobre tais extremos, a História da Ciência é ensinada como um mero relato sem relação com o que realmente ocorreu, com o que motivava os cientistas e o que movia a sociedade a sustentá-los, relatos muitas vezes adaptados para que se compreenda com facilidade em vez de contar a real articulação de ideias e contradições, de frustrações e triunfos pelos quais passaram os cientistas.

Este enfoque sobre o ensino da História da Ciência vem mudando gradativamente conforme veremos no próximo capítulo.

# III. O olhar da ciência – Pressupostos

*O Rei Falcão fará o seu primeiro voo, olhando a Ciência e as suas conexões.*

> *História é a mais fundamental de todas as ciências, pois não existe conhecimento humano que não perca seu caráter científico quando o homem se esquece das condições nas quais o conhecimento se originou, as perguntas que respondeu e as funções para as quais foi criado.*
>
> Erwin Schrödinger

Nos últimos anos, a Física tem nos apontado que, sob a aparente diversidade, o Universo formou-se a partir de uma matéria única. Para os gregos antigos era *chaos*, a matéria primordial da qual tudo se originou pela intervenção de Eros. Os alquimistas de todas as épocas chamam-na Matéria-Prima, representada pelo *ouroboros* – uma serpente mordendo a própria cauda –, símbolo hermético da continuidade das transformações graduais da matéria e do iniciado na Grande Arte.

Figura 5: Ouroboros
Fonte: http://altreligion.about.com

A questão sobre a origem do Universo consome anos de estudos e exaustivas investigações por parte dos cientistas e se constitui em um dos campos mais especializados da cosmologia, contudo, tal conhecimento, sob um ponto de vista mais próximo ao das nossas necessidades, não interfere nem modifica nossas curtas existências. Nossa imaginação não é capaz de se reportar a um tempo tão distante, portanto, vazio de qualquer significado. Então, qual é o sentido de tais estudos por parte da Ciência que se caracteriza por um método fundado na objetividade e racionalidade? Por que esse conhecimento transcende a esfera do domínio científico e fascina a tantos?

Outro assunto que instiga a mente dos estudiosos é o da constituição da matéria. Por algum tempo, água, terra, fogo ou ar pareciam ser respostas satisfatórias para alguns; para outros, tudo era formado por átomos. Entretanto, no final do último século, novos olhares para as velhas dúvidas tornaram-se necessários e os físicos realizaram um sonho dos antigos gregos, a sugestão de que, sob a diversidade das aparências, o mundo é uma só substância. Por mais aceitável que esta descoberta possa ser para os filósofos, é profundamente penosa para os cientistas, por não compreenderem a natureza desta substância. *Se a substância quântica é tudo o que existe e se não entendemos esta substância, nossa ignorância é completa.*[111]

Estas perguntas talvez ocultem outra, mais secreta: o Universo é fruto do acaso ou há algum indício de que ele surgiu da vontade de um Ser supremo que dirige todas as coisas? Desde as épocas mais remotas, o homem procura conhecer sua origem e o seu fim. Tal necessidade, a de buscar um sentido, como significado e direção, para sua vida bem como para a existência do Universo, encontra-se nos mitos de criação de todas as sociedades.

Diferentemente da linguagem analítica e racional da ciência moderna, os mitos são expressos em uma

---

111 Nick Herbert. **A realidade quântica**, p. 121.

linguagem analógica e simbólica que permite as conexões, as significações, as associações, a afetividade, e é a mais apropriada quando buscamos o sentido das coisas e da existência. No entanto, a própria Ciência a ela recorre quando lança mão de expressões como *seleção natural, big bang, leis da natureza.* Assim, quando um cientista se propõe a responder com teorias questões que se relacionam com sentido da vida humana invade, mesmo que não tenha consciência, o campo do mito.

É interessante notar que foi no bojo da Ciência, tida como essencialmente racionalista e objetiva, que as noções de complementaridade, interdependência e subjetividade, inerentes à linguagem simbólica, ressurgiram, especialmente dentro da mecânica quântica e da teoria da relatividade. Sem poder abrir mão daquilo que a sustenta – sua divisão disciplinar, a organização, suas normas e os seus limites – a Ciência começou, recentemente, a incluir em sua perspectiva esses valores, dela excluídos para se constituir. A partir daí, passamos a considerar o Universo como uma teia de eventos, levando em conta todas as suas interfaces: *a imagem do Universo como uma máquina tem sido substituída pela de um todo interconectado, dinâmico, cujas partes têm de ser entendidas como padrões de um processo cósmico.*[112]

Em que pese muitos ainda acreditarem que há um fosso intransponível entre os mitos religiosos e a

---

112 Fritjof Capra. **O ponto de mutação**, p. 234.

Ciência, ambos se estruturaram na mesma necessidade, a de explicitar e conferir um sentido à vida humana. A busca e a sistematização do saber parecem ter motivado nossa espécie desde seu aparecimento, e cada sociedade, desde cedo, tentou organizar um conjunto de explicações para justificar os mistérios da natureza, da vida e da morte, expressando-os no que chamamos de mitos.

A religião e a filosofia tornaram-se meios importantes para significar a vida individual e social. A arte continua a revelar aspectos do inconsciente e da situação humana. A Ciência, tomada como um conjunto ordenado de conceitos e técnicas, que visa à compreensão do mundo e suas relações, é mais uma linguagem, um instrumento desta busca. No entanto, no mundo ocidental, adquiriu um caráter hegemônico, com a pretensão de ser seu único critério.

A ciência moderna não é a única explicação possível da realidade e não há sequer uma razão científica para considerá-la melhor que as explicações alternativas da metafísica, da astrologia, da arte ou da poesia. A razão por que hoje privilegiamos uma forma de conhecimento assente na previsão e no controle dos fenômenos nada tem de científico. É um juízo de valor.[113]

## 1. Ciência e Mito

*O casal mítico, Osíris e Ísis, ensinou o povo a fazer instrumentos, produzir pão, vinho e cerveja.*

113 Boaventura Souza Santos. **Um discurso sobre as ciências**, p. 56.

> Em todas as épocas, a interrogação sobre a origem, a organização e o sentido do Universo encontra-se no cerne de todas as mitologias, quase sempre apresentadas como cosmologias tentando desvendar o significado do Mundo e de suas leis. Para o homem, trata-se de um desafio fundamental. Porque, ao enfrentá-lo, interroga-se sobre a origem de seu ser-no-mundo, seu lugar no Cosmos e o sentido de sua existência.
>
> Hilton Japiassu

Pode parecer estranho relacionar Ciência e mito. Pode até parecer contraditório na medida em que o senso comum considera o mito como antagônico à verdade ou à Ciência. Entretanto, o mito não se opõe à verdade como entende a ciência moderna já que responde a diferentes questões, externas ao âmbito da Ciência. Se esta procura descrever como os fenômenos acontecem e estabelecem as leis que regem determinados fatos, o mito, como as artes, procura o sentido que transcende o mensurável, um sentido que dê sentido à vida do sujeito que pergunta.[114]

Causas históricas fazem com que pessoas leigas, mas devotas das ciências, defendam que a linguagem racional pode responder as nossas perguntas. Também existem aqueles devotos que se apoiam nos mitos das grandes religiões e, neles pretendem encontrar as mesmas leis que a ciência propõe.

---

114 Jung Mo Sung. **Ciência, mito e o sentido da existência**, p. 15.

Contudo, *vivemos hoje em uma cultura pretendendo ter ultrapassado o estádio do mito. Teríamos deixado para trás a representação mítica, porque dela nos teria livrado a representação científica do mundo.*[115] O mito não é antagônico à Ciência, nem pertence ao passado da humanidade, mas está implícito no fazer ciência e na vida humana. O mito relata e revela sempre verdades simbólicas importantes sobre a humanidade.

A Ciência aproxima-se do âmbito do mito, especialmente no que se refere às questões da origem. Cada sociedade possui um mito de criação que lhe é próprio. Na Grécia Antiga, cujo pensamento contribuiu para constituir a ciência moderna, encontramos um mito que apresenta certas analogias com a Teoria do *Big Bang*.

Com efeito, uma das mais antigas cosmogonias gregas relata que antes do aparecimento do mundo havia o Caos. Diferente do "nada", o Caos é um estado indiferenciado, primordial, atemporal, destituído da ordem universal. Para que se iniciasse a história do mundo seria necessária a intervenção de um poder divino. A este poder, anterior a toda a Antiguidade, chamou-se Eros, que produz a inexplicável simpatia ou atração entre os opostos, gerando daí o Cosmos. Sua primeira obra foi gerar Gaia e depois Uranos, que a ela se une, envolvendo-a. Da união amorosa do Céu e da Terra, nasceu Cronos, o tempo. Em seguida, todas as divindades e seres do mundo. Nesse contexto, Eros

---

115 Hilton Japiassu. **Ciência e destino humano**, p. 38.

simboliza o deus do nascimento, esta força que os filósofos gregos denominam *Physys*: a força universal capaz de levar ou unir os homens ao amor divino.[116]

Em contrapartida, uma parte dos cientistas diz que o Universo se formou a partir de uma explosão primordial conhecida como *Big Bang*. A primeira concepção foi sugerida pelo padre e cosmólogo belga Georges-Henri Édouard Lemaître (1894-1966), que propôs uma teoria em que o Universo teria tido um começo repentino. No início, era apenas uma atualização de uma arquiconcepção bíblica que naturalmente já se abria em duas vertentes nada interessantes para o contexto: "o atomismo"[117] e o "criacionismo".[118] No entanto, com o passar do tempo, o paradoxo do cosmólogo belga adquiriu *status* de teoria, em 1948, com o cientista russo, naturalizado norte-americano, George

---

116 Ibid, p. 40.

117 Vertente do pensamento pré-socrático (século V a.C.); baseia-se na teoria dos átomos, criada por Leucipo e desenvolvida, posteriormente, por Demócrito de Abdera. Para o pensamento atomista, o princípio (*arché*) da realidade (*phýsis*) reside nos *átomos*, elementos invisíveis, de número ilimitado, cada um possuidor de uma forma própria; sendo o número de formas presentes nos *átomos*, igualmente, ilimitado. A natureza destes elementos é unitária e plena, uma vez que eles são indivisíveis (em grego, o termo *á-tomos* significa *sem divisão*).

118 O Gênesis, o primeiro livro do Antigo Testamento, descreve a origem do mundo da seguinte forma: "No princípio, Deus criou o Céu e a Terra. Ora, a Terra estava vazia e vaga, as trevas cobriam o abismo, um vento de Deus pairava sobre as águas. Deus disse: 'Haja luz' e houve luz. É algo muito parecido com a Teoria do Big-Bang".

Gamow. Para ele, o Universo teria nascido entre 13 e 20 bilhões de anos atrás, a partir de uma concentração de matéria e energia extremamente densa e quente e tudo o que existe no Universo veio de uma bolha que surgiu em um tipo de "sopa" quentíssima e começou a crescer, dando origem a toda a matéria que conhecemos. Embora não explique muita coisa, é uma das teorias de origem mais aceitas atualmente, talvez até porque se assemelhe àquela relatada no Gênesis.

Figura 6: A criação do mundo
Fonte: Stephen Hawkings. O Universo numa casca de noz

Outra aproximação da Ciência com o mito pode ser vislumbrada no mito de Prometeu, que antecipa os problemas decorrentes do uso da tecnologia, *uma transgressão do homem em relação aos deuses*.[119] Conta o mito que, depois de criado o mundo e separada a Terra das águas, Prometeu e Epimeteu, da raça dos titãs, foram incumbidos de criar e assegurar a todas as formas de vida a possibilidade de preservação.

Epimeteu ficou encarregado da obra, e Prometeu, de examiná-la. Assim, Epimeteu, no ato da criação, atribuiu um dom a cada ser vivo: força, velocidade, resistência, garras, asas, carapaças...

Porém, Prometeu, ao observar o estado da criação até aquele instante, percebeu que nenhum ser era capaz de investigar, aprender, usar as forças da natureza, comunicar-se com os deuses, compreender não apenas o mundo visível, mas o princípio de todas as coisas. Um ser superior deveria ser criado. Do barro, resultado do casamento sagrado da Terra e do Céu, Prometeu fez o homem. Coube a Epimeteu atribuir-lhe um dom, contudo percebeu que nada mais restava, já que usara todos os recursos de que dispunha.

Perplexo com o descuido de Epimeteu, Prometeu roubou, com a ajuda de Minerva, o fogo divino e o deu aos homens como presente. Com ele, o homem lançou as bases da civilização e assegurou sua superioridade sobre os outros animais.

---

119 Hilton Japiassu. **Ciência e destino humano**, p. 47.

Prometeu foi condenado a conviver com Epimeteu e a remediar o custo de seus atos impensados, os problemas resultantes do uso da tecnologia, cujos efeitos sobre o Planeta são geralmente, em um primeiro instante, incompreendidos e cujos resultados nefastos só são percebidos, às vezes, tarde demais. Um paralelo interessante encontramos na bomba atômica "que roubou o fogo do interior da matéria" e promoveu a destruição. Mesmo essa energia, quando utilizada para fins pacíficos, como a produção de energia elétrica a partir da energia nuclear, tem nos trazido sérios problemas, como os graves acidentes de Chernobyl, em 1986, e em Fukushima, em 2011.

Por isso, uma formação científica adequada deve visar à formação de um cidadão que possa compreender que a tecnologia não devia pertencer a um domínio técnico, e, sim, a um domínio social de modo que seus produtos sejam obra do Previdente e não do Irrefletido.

Habitualmente, também não consideramos que, provavelmente, o símbolo, a imagem, o rito anteciparam e, muitas vezes, tornaram possível suas aplicações utilitárias. Em outras palavras, antes de modificar a face do mundo, essas descobertas deixaram marcas na história espiritual da humanidade. Se da argila os deuses criaram o homem, com ela o homem moldou a figura dos deuses. O fogo e os metais serviram às divindades e o martelo e a bigorna tornaram-se símbolos dos deuses da criação. Assim, um ferreiro, ao malhar sua bigorna, imitaria um gesto divino.

O ouro, cobiçado pela humanidade, nunca foi um metal essencial: não teve utilidade como ferramenta ou arma, não participou das revoluções tecnológicas, tampouco é o metal mais raro ou de custo mais elevado. A importância que lhe é atribuída talvez possa ser explicada pelo seu simbolismo, já que foi o primeiro metal descoberto, o metal ancestral, sincretizado com o deus Sol, o doador da vida.

Ainda hoje não há quem ignore a correspondência dos sete metais mais conhecidos desde a Antiguidade com os astros e suas associações com as constelações zodiacais e muitos têm consigo um fragmento de um metal que lhes seja favorável, determinado pela época do seu nascimento. Poder-se-ia argumentar que tais atitudes sejam comuns entre os menos esclarecidos. No entanto, Japiassu[120] relata que o físico Lévy-Leblond, ao visitar Neils Bohr em sua casa de campo surpreendeu-se ao ver, pendurada sobre a porta de entrada, uma ferradura. Perguntando-lhe se acreditava naquilo, obteve como resposta: *"parece que estas coisas funcionam mesmo quando não se acredita nelas"*. Bohr foi uma das mentes mais brilhantes do século XX.

Esse simbolismo mágico resistiu às eras, ao advento da ciência moderna e nos deparamos com ele ainda neste início do terceiro milênio, quando a própria Física fornece fundamentos teóricos para que se interprete o Universo em termos de consciência. Não

---

120 Hilton Japiassu. **As paixões da ciência**, p. 98.

quero dizer com isso que a magia está presente nas ciências, mas não pode ser considerada antecessora desta, como querem alguns historiadores da Ciência, já que convive com ela. Além disso, ela não se preocupa em explicar o fenômeno. Para ela, basta que funcione. *A magia pressupõe a existência de regras na natureza, as quais, com atos adequados, podem ser usadas pelo homem.*[121] Sua finalidade não é a compreensão ou o controle da natureza, tal qual Bacon preconizou, mas torná-la favorável ao homem. Além disso, muito do que poderia ser considerado "mágico", em uma época ou em uma sociedade em particular, hoje está incluído em nossas atividades. Da mesma forma, o conhecimento científico de hoje pode ser, em um futuro bastante próximo, ser tomado como mito.

Será que o saber racional e objetivo da ciência moderna realmente substituiu a representação mítica do mundo? Considerada a melhor contribuição do Ocidente para promoção do Homem, a Ciência, tal como o novo Prometeu, ilumina os caminhos do futuro, liberando o Homem de todos os dogmatismos? Contudo, continuamos fascinados pelos nossos mitos de origem e frequentemente, em momentos de crise, as antigas questões cosmológicas vêm à tona.

Não há dúvida de que a ciência moderna, herdeira da racionalidade grega, adotou como um dos seus objetivos fundamentais separar-se da religião e instituir-se como a única verdade possível de ser aceita; no entanto, essa hegemonia no mundo atual parece obrigá-la a

---

121 William Cecil Dampier. **Pequena história da ciência**, p. 6.

assumir funções que não são suas e que eram outrora desempenhadas pelos mitos e pela religião. Nestes tempos de triunfo da Ciência, com seus importantes resultados, ela ainda está longe de nos fornecer um quadro abrangente da realidade. Precisamos reconhecer que, neste aspecto, a explicação mítica prevalece sobre a científica.

## 2. Ciência e Religião

*Os deuses reuniram-se em um tribunal e convocaram os dois adversários.*

> O cientista de hoje escala as montanhas da ignorância e, quando se aproxima da rocha mais alta, prestes a conquistar o cume, é saudado pelos teólogos, que estavam lá, sentados há séculos.
>
> Robert Jastrow – Astrofísico da NASA

O mito de Prometeu sugere que o homem se diferenciou da natureza ao dominar o fogo. A partir de então, passou a desenvolver a crença de que poderia compartilhar com os deuses do mundo divino. Essa ideia expressou-se na magia e consolidou-se nos rituais. A par disso, o conhecimento acerca do mundo material começou a se expandir. Se aceitarmos a tese de que tal saber tinha a conotação de revelação divina, seus mistérios, bem guardados, revelavam-se nas narrativas mitológicas das civilizações antigas.

> As técnicas nas civilizações míticas preservariam o caráter mágico de sua pré-história, mas adquiririam

o caráter ritualístico. Tanto a arquitetura como a medicina, como a mineração, a cerâmica e a tinturaria basear-se-iam na crença de que a alma humana poderia participar dos desígnios dos deuses e demônios, repetindo ritualisticamente suas ações, roubando-lhes seus segredos, assim assegurando a simultaneidade entre a ação do técnico mítico e a ordem cósmica.[122]

Contudo, entre o sétimo e quinto século anterior à nossa era, algo novo surgiu. Provavelmente da união das técnicas mágicas e dos segredos divinos, uma nova forma de conhecimento mais elaborado apareceu. Procurava estabelecer a relação entre o anímico e o material. O que há de novo nessa sabedoria é que ela se constituiu em um corpo de conhecimentos que tem um autor e traz suas marcas.

De maneira aparentemente independente, a humanidade foi encontrando outros caminhos. Na China, a sabedoria floresceu dos ensinamentos de Kung-fu-tsé e Lao-tsé; na Índia, de Mahavira e Sidarta; na Mesopotâmia foi sob os ensinamentos de Zoroastro. No mundo grego, com Tales de Mileto e Pitágoras. Só que ali, diferente do que ocorreu em outros locais, essa sabedoria ligou-se mais às coisas materiais do que às divinas. Pitágoras, que marcou o pensamento moderno na crença de que as operações últimas do Universo podem ser descritas em termos numéricos, foi um grande matemático e Tales talvez tenha sido o primeiro pensador a

---

122 Milton Vargas. **A origem da Alquimia:** uma conjectura, p. 17.

especular sobre a origem, a natureza e as transformações da matéria sem invocar o poder sobrenatural.

No mundo ocidental, a Ciência surgiu no interior das religiões, principalmente na Igreja Católica. O período da longa noite de mil anos, chamado de Idade Média, era herdeiro direto da cultura greco-romana, mas sua sociedade assentava-se em bases estritamente cristãs, portanto, religiosas; dirigida e organizada pela Igreja Católica, tinha como lei os textos bíblicos. Dessa forma, os textos clássicos foram adaptados, ou cristianizados, para serem aceitos. Aristóteles era considerado o "filósofo" pela Igreja e sua ideia de que a Terra era o centro do Universo, foi associada à de que o ser humano era o centro da criação divina, portanto, plenamente aceita.

As tensões entre Ciência e religião são antigas. Santo Agostinho, o primeiro grande teólogo do Catolicismo, dizia que o pensamento aplicado conduzia ao pecado e à perdição e que, para atingir a redenção, o importante era dedicar-se à adoração do eterno.

A Igreja assumiu a função de pensar pelos homens, dizendo o que era certo e errado, o que era o bem ou o que era o mal. Portanto, o clero assumiu a função de elaborar e divulgar o conhecimento – surgiram as universidades. Neste mundo, o espaço destinado às ciências naturais tornou-se muito reduzido. Resistia apenas às margens de uma sociedade impregnada de religião. Os poucos cientistas daquela época eram alquimistas e, alguns deles, paradoxalmente, estavam ligados à Igreja Católica.

O declínio do regime social medievo e de suas ideias nos levaram ao limiar da modernidade, onde a magia e a Ciência constituíram-se num corpo único que não pôde ser separado facilmente. A ciência ocidental esteve sempre relacionada com o universo cristão. A história das ciências nos mostra a participação importante da religião na origem e no desenvolvimento da ciência moderna.[123]

Se considerarmos a religião uma concepção geral do mundo na qual o universo material e o destino humano são governados por um poder divino e sagrado, torna-se claro que se fundamenta em explicações sobre a origem e o movimento de todas as coisas. Decorre então que a História da Ciência sempre encontra a barreira do fenômeno religioso ou das formas culturais religiosas do passado.

> As mais altas personalidades concordam em dizer que, ao menos no que concerne ao Homem, urge reunir em uma síntese sólida a multiplicidade de nossas aquisições científicas. O mundo religioso, por sua vez, aspira a essa síntese que porá em plena luz a grandeza e a beleza da Criação. O espírito humano, com efeito, não se contenta com uma ciência dividida e fragmentada ao infinito.[124]

Não é surpresa para ninguém que existem tensões entre Ciência e religião. Historicamente, as relações entre Ciência e religião foram permeadas por

---

123 Hilton Japiassu. **Ciência e destino humano**, p. 116.
124 Teilhard de Chardin. **O fenômeno humano**, p. 17.

desentendimentos e disputas. No entanto, devemos lembrar que muitos filósofos naturais, hoje chamados cientistas, eram crentes e até mesmo cristãos convictos. *Toda tentativa de Galileu foi colocar as suas teses sob a autoridade das escrituras sagradas.*[125] Newton dedicou mais tempo da sua vida aos estudos teológicos do que a Física. Ao dividir o mundo em matéria e mente, a intenção de Descartes foi estabelecer um acordo bem definido: não atacaria a religião, que reinaria soberana em questões relacionadas com a mente, em troca da supremacia da Ciência sobre a matéria. Durante mais de dois séculos, o acordo foi respeitado. Por fim, o sucesso da Ciência em prognosticar e controlar o meio ambiente direcionou os cientistas ao questionamento da validade de todo e qualquer ensinamento religioso.[126]

Em recente entrevista, o Dalai-Lama foi questionado sobre a importância da interação entre a religião e a Ciência e assim se manifestou:

> Alguns amigos já me disseram que a ciência é assassina da religião e me recomendaram que tivesse cuidado no trato com cientistas. Mas um dos princípios budistas é analisar, investigar. Se alguma descoberta vai contra nossas escrituras, temos a liberdade de ter uma interpretação diferente (das escrituras) ou de descartá-la. Também há o campo da psicologia. A psicologia budista parece mais avançada que a ocidental, pois está

---

125 Paolo Rossi. **A ciência e a filosofia dos modernos**, p. 115.
126 Amit Goswami. **O universo autoconsciente**, p. 135.

relacionada com as emoções. Meu interesse pelas ciências só cresce. Há cinco anos introduzimos estudos em ciências básicas para monges.[127]

A religião não está inserida explicitamente no conhecimento científico, nem no seu método, nem faz parte da sua epistemologia, mas é inerente ao homem, portanto se faz presente quando o cientista formula sua hipótese e, assim, direciona o sentido da sua pesquisa. No entanto, se indagarmos um cientista sobre a relação das suas pesquisas com o irracional, com o sagrado ou com o místico, certamente responderá indignado:

> A ciência não se interessa pelo irracional, pelo sagrado ou pelo místico. Nós, os cientistas, nada temos a ver com os teólogos, com os místicos ou com os artistas, porque nosso saber é objetivo e claro. Nosso trabalho é metódico, racional, rigorosamente controlado.128

Mas isto é verdade? Quando vamos para as questões da origem, não nos deparamos com os mitos e com as religiões?

Atualmente, diversos livros que responsabilizam as religiões pelos males da humanidade reforçam a discussão filosófica sobre o ateísmo. O grupo de "novos ateístas" causa uma grande confusão, pois

---

127 **Revista Época**, n. 413, abril de 2006.
128 Hilton Japiassu. **As paixões da ciência**, p. 216.

exacerbam a já arraigadas posições anticientíficas dos mais religiosos e cria novos opositores em razão à arrogância. Marcelo Gleiser[129] diz:

> Acho perigoso que eles sejam vistos como porta-vozes da comunidade científica. Do ponto de vista da ciência, a posição de ateu radical não faz sentido. Para se afirmar que Deus não existe, é necessário supor que detemos a totalidade do conhecimento, algo que é inatingível pelo fato de a ciência ser uma criação humana e limitada.

Para ele, o máximo que cientistas podem dizer é que a existência de um Deus judaico-cristão é contrária ao que conhecemos do mundo. Por outro lado, "não podemos afirmar que a informação atual da ausência de uma divindade é definitiva, pois não temos informação sobre tudo. A única posição consistente com a Ciência é o agnosticismo ou, no máximo, um ateísmo liberal, pronto a aceitar evidência em contrário, caso ela ocorra".[130]

O que a Ciência não tem como proposta é tirar Deus das pessoas. O que ela pode fazer é proporcionar uma forma alternativa de espiritualidade ligada ao mundo natural e não ao sobrenatural, à cativante magia da descoberta. É esse naturalismo, essa entrega à natureza e aos seus mistérios, que confere à Ciência a dimensão

129 Colunista da Folha de São Paulo e professor de Física do Dartmouth College (EUA). Reportagem de Sylvia Colombo e Marcos Strecker no caderno Ilustrada da **Folha de São Paulo**, p. 6, 22/07/2007.

130 Ibid, p. 6.

espiritual que a torna humana. *Ela pode não ter todas as respostas, porém proporciona autonomia ao indivíduo, fornecendo os instrumentos de sua liberdade. E, ao fazê--lo, ensina-nos a respeitar a vida e a lutar pela sua preservação.*[131] A Ciência possibilita-nos uma aproximação com a natureza e nos encaminha a uma percepção de mundo que pode, com certa liberdade, ser denominada de espiritual. Einstein justificava sua devoção à Ciência como algo que ele conceituou como o *sentimento religioso cósmico*, associando ao estudo racional da natureza uma dimensão espiritual.

---

131 Marcelo Gleiser. **Micro e Macro:** reflexões sobre o homem, o tempo e o espaço, p. 293.

## 3. Ciência e Poder

*... e Seth desejava o poder de Osíris.*

A filosofia natural era, de muitas formas, um empreendimento novo na Europa do século XVII, lutando para ser reconhecida nas hierarquias estabelecidas. Sua relação com a Igreja e o Estado e seu papel na sociedade estavam em constante alteração. Questões importantes sobre a natureza da nova ciência – seus ideais e métodos, seus limites e quem poderia estabelecê-los – restavam ser respondidas. Neste ponto central, os filósofos naturais esforçavam-se por se libertar das restrições, algemas ou prisões da universidade medieval e estabelecer novas instituições que correspondessem às suas necessidades.[132]

As modernas instituições científicas tiveram suas origens no mundo medieval, particularmente nos monastérios e nas universidades europeias. Do século XII ao XV, as universidades eram os centros do saber, defendendo as tradições religiosas e os interesses do mundo feudal e deles sendo portadoras. As universidades medievais eram um poderoso instrumento do poder da Igreja, determinando o que deveria ser ensinado com base nos textos sagrados, e todo o seu o sistema pedagógico fundamentava-se na escolástica, preparando quase exclusivamente eclesiásticos e juristas. Nessas instituições, não havia lugar para as ciências da natureza. *Em Paris, em 1355, foi autorizado o ensino*

---

132 Londa Schiebinger. **The Mind has no Sex?**, pp. 11-17.

*da geometria euclidiana apenas nos feriados. Os principais manuais de "ciências naturais" eram os livros de Aristóteles, dos quais todo o conteúdo vital havia sido expurgado.*[133] E é de Aristóteles que conhecemos uma das primeiras classificações de poder nas suas diversas faces, como é usado e distribuído. Portanto, a chave para a compreensão desse poder pode ser encontrada na cultura grega, alexandrina e romana, raízes da ciência moderna.

O pensador Epícuro, nascido em Samos em 342 a.E.C., teve como mestres Platão e Demócrito. Ao sentir a sua impotência ante ao poder do Estado, procurou a sua interiorização buscando uma perfeição moral independente do mundo exterior e do poder temporal. Percebeu que o conhecimento da natureza deveria possibilitar uma visão de mundo onde o ser humano pudesse inspirar-se para libertar a sociedade da superstição e da tirania. Dizia ainda:

> O estudo da natureza não pretende apenas permitir que o homem proclame e demonstre o seu conhecimento diante do seu próximo, mas, pelo contrário, produzir indivíduos sérios independentes, capazes de apreciar as qualidades verdadeiras e pessoais e não apenas a aparência exterior. Explicar um fenômeno é mais importante do que a sua real ocorrência.[134]

133 Boris Hessen. **As raízes socioeconômicas dos principia de Newton**, p. 44.

134 Augusto Forti. **Ciência, filosofia e poder na Antiguidade Clássica**, p. 27.

Epícuro instalou sua escola em Mitilene[135] e, seguindo a tradição dos pitagóricos, aceitou mulheres e escravos. As suas ideias tornaram-se a doutrina do povo, em contraponto ao estoicismo[136] que se constituía na filosofia das classes privilegiadas. Instituiu-se assim o primeiro embate histórico entre a Ciência e o poder constituído. Os epicuristas usavam a Ciência para tentar reformar a teologia, em uma tentativa de separar a religião das leis da natureza, para conseguir uma forma de defesa contra o poder autoritário. As ideias de Epícuro propagaram-se por todo o mundo helênico, chegando até Roma.

Na antiga Mesopotâmia, conhecida por muitos como o berço da humanidade, os conhecimentos sobre a manipulação da matéria eram transmitidos oralmente para os chamados "iniciados", os futuros conhecedores daquela prática. Eram registrados nos tabletes de argila de forma velada, utilizando frequentemente uma chave de interpretação que era conhecida por poucos: "os iniciados". Esses registros traziam sempre formulações e procedimentos para a manipulação da matéria, passados de mestre para discípulo a fim de que esse

---

135 Atualmente é a capital da ilha grega de Lesbos, situada no Mar Egeu próxima à costa da Anatólia, e que pertence à prefeitura grega de Lesbos.

136 O estoicismo é uma doutrina filosófica que propõe viver de acordo com a lei racional da natureza e aconselha a indiferença (apathea) em relação a tudo que é externo ao ser. O homem sábio obedece à lei natural, reconhecendo-se como uma peça na grande ordem e propósito do Universo.

conhecimento não fosse perdido. Assim registrados impedia-se que caíssem na mão do público. Esse era o iniciado, aquele que era capaz de ler essas fórmulas.

Conferiam à manipulação da matéria um ato sagrado, por estarem imitando a natureza. O mineral era comparado a um feto e evoluiria para a sua forma mais pura, um metal. O forno era uma cópia do ventre materno, a própria Terra, responsável pelas transformações, logo era preciso sacralizar o forno. Para isso, sacrificavam fetos humanos ou animais. Também os corantes, perfumes e medicamentos eram considerados aprimoramentos daquilo que a natureza podia ofertar, portanto, um conhecimento sagrado que deveria ser velado, uma forma de preservar o poder.

Por meio, principalmente, dos árabes, muitos desses textos, juntamente com originais gregos antigos, chegaram à Europa medieval, onde passaram a ser vistos como portadores de um segredo antigo. Aquele que conseguisse decifrá-lo seria o detentor de um poder talvez tão antigo como a própria humanidade.

Durante a Idade Média, esse conhecimento ficou restrito aos monastérios e às universidades que tinham um caráter elitista. Entre os séculos VI e XI, a Igreja possuía o monopólio da alfabetização e educação, e os filhos dos senhores feudais tornavam-se membros dos monastérios, o que se tornou a única opção para a educação feminina e acabou por fornecer um número considerável de mulheres eruditas.

Com o decorrer do tempo e o surgimento do livro impresso, compilações de receitas provenientes da

Antiguidade e do medievo, bem como manuais práticos e tratados técnicos, passaram a ser publicados e distribuídos pela Europa divulgando esse conhecimento. Assim, no Renascimento, observamos o surgimento de uma nova ordem social para a Ciência que começou a ser discutida em outros lugares: nas pequenas aldeias, nas paróquias e nos salões dos nobres. Esses últimos, que eram instituições femininas por excelência, ofereceram uma real alternativa para a organização da vida intelectual. É interessante observar que nos locais onde a Ciência emergia em uma determinada sociedade (grupos), como nas cortes renascentistas, as mulheres se destacaram como sábias.

Esse tipo de conhecimento sobre a natureza não podia ser obtido nas universidades

> do poder, o sistema econômico de produção e o clima social e intelectual global.[137]

A Revolução Industrial e o capitalismo decorrente determinaram o surgimento de uma nova sociedade fundamentada em um novo conceito de poder e contando com a Ciência em lugar dos valores tradicionais.

O mundo contemporâneo estruturou-se sobre o saber científico. A Física dominou todo o século XX com a corrida espacial, a mecânica quântica etc. Os conflitos ciência-poder podem ser ilustrados com o tenso diálogo entre Niels Bohr e Winston Churchil, quando o

---

137 Franco Ferraroti. **A Revolução Industrial e os novos trunfos da ciência, da tecnologia e do poder**, p. 45.

cientista alertou o político para que os *Aliados* não produzissem a bomba atômica durante a Segunda Guerra Mundial. A proposta de Bohr era revelar o segredo do artefato nuclear para todos, pois sabia que os soviéticos tinham condições de reproduzir a bomba. Com a revelação, Bohr pensava que se chegaria ao desarmamento dos países e teríamos paz e equilíbrio.

Existe uma percepção popular sobre os cientistas como os donos da verdade. A sociedade olha a Ciência pela ótica da admiração e do temor dos progressos científicos. Temor, porque não conhece os seus limites.[138] Admiração porque todos os dias novas descobertas e instrumentos modificam as nossas relações com a natureza e com a sociedade. O movimento dos laboratórios de pesquisa parece escapar a todo controle. A distância entre teoria e suas aplicações práticas é curta. As técnicas percorrem-na com grande rapidez.

> O motor do movimento da ciência é identificado como sendo a razão. A verdade, o retrato fiel do que é, o modelo consistente da realidade são expressões de sua realização como instrumento de ação. A razão lê, interpreta e modifica o mundo. Não se pediu permissão ao poder, que financia as pesquisas, ou ao mercado da economia, para dar asas à Internet ou associar uma dupla hélice à imagem do DNA. A razão quer prestar contas à verdade, assim como ela é. Isso incomoda o poder. Ele reconhece a autonomia do mundo científico,

138 Citamos, como exemplo, que a maioria das pessoas não sabe o que é o Projeto Genoma, células-tronco, clonagem etc.

obediente aos rigores da razão, mas não esconde que essa autonomia o incomoda. O poder busca no consenso o motor de seu movimento. A política faz uso da persuasão como instrumento para alcançar o bem comum. Quando o consenso não é alcançado e o poder, contrariado, a força é o meio de dominação.[139]

O governo concede financiamentos à Ciência para que ela atinja determinados objetivos, para que realize pesquisa, sem conhecimento de pormenores e procedimentos técnicos e, portanto, sem controle efetivo. Desse modo, a Ciência dita ao governo o que fazer, como e com que rapidez.[140]

Quem se responsabiliza pelos novos conhecimentos? As universidades, que continuam sendo denominadas de academias?

Quem começa a assumir o poder sobre a Ciência? Os governos, que financiam os laboratórios, que financiam as pesquisas e as indústrias?

A produção de novos alimentos em laboratórios teve aumento significativo nos últimos tempos. Os transgênicos, que já chegaram às nossas mesas, são um exemplo típico desse fato. As incertezas quanto aos impactos econômicos, sociais e ambientais das novas tecnologias passam a exigir uma avaliação cada vez mais acurada. Nesse particular, a Ciência assume um papel relevante nos processos de regulamentação

---

139 Ennio Candotti. **Ciência, verdade e política**, p. 1.

140 A Ciência como rainha, o governo como súdito.

da adoção de novos produtos. Os cientistas tornam-se os principais mediadores da relação da sociedade com o risco, com o poder de antecipar os perigos futuros e decidir acerca a aprovação de novos alimentos. No entanto, a Ciência tem seus critérios de cientificidade contestados em virtude das suas relações com a indústria. Agências reguladoras como a FAD[141] perdem sua credibilidade. A sociedade exige maior controle social da atividade científica.

> A ciência adquiriu o poder de determinar o que poderá ser aprovado e liberado para consumo humano. Em todo o mundo, as agências responsáveis pela aprovação de novos alimentos lançam mão de pesquisas científicas e consultas a especialistas para respaldar suas decisões. A neutralidade confere status de decisão à ciência.[142]

*A construção da bomba atômica, na fase final da Segunda Guerra Mundial, evidencia como a ciência não pode ser separada da sociedade em que está sendo desenvolvida. Ela não pode desenvolver-se ignorando a realidade política à sua volta.*[143] Arquimedes, por volta

141 Food and Drug Administration. É uma agência do United States Department of Health e é responsável por proteger e promover a saúde pública por meio da regulação e supervisão da segurança alimentar, produtos de tabaco, suplementos alimentares, dispositivos médicos, a radiação eletromagnética, produtos veterinários e cosméticos.

142 Carlos Vogt. **Ciência é garantia de segurança?**, p. 1.

143 Marcelo Gleiser. **Micro e Macro:** reflexões sobre o homem, o tempo e o espaço, p. 235.

de 250 a.E.C., colaborou com o reino de Siracusa, desenvolvendo diversas máquinas de guerra. A Ciência não é um conhecimento neutro, pois ela é financiada pela classe dominante e pelos estados poderosos, bem como as principais instituições: a universidade, a mídia, ou seja, a classe dominante.

Vivemos em uma época na qual a Ciência demonstra todos os dias o seu poder. O conhecimento que ela produziu venceu distâncias, diminuiu carências, reduziu doenças e possibilitou a compreensão de muitos mistérios da natureza. No entanto, ainda hoje, pouca gente percebe a importância da Ciência em sua vida. Existe a influência explicita, associada às diversas tecnologias que definem o estilo de vida da sociedade moderna. Fica difícil imaginar a vida atual sem automóveis, telefones celulares, fornos de microondas, computadores etc. No entanto, a Ciência assusta, é *faca de dois gumes*. Por vezes, parece acontecer como mágica, em laboratórios clandestinos controlados por cientistas influenciados pela fama e manipulados por financiadores que apenas se interessam apenas no balanço final de suas empresas ou por militares obcecados pelo poder.

> A posição da ciência no mundo moderno pode ser analisada como resultante de dois conjuntos de forças em conflito que aprovam ou se opõem à ciência como atividade social. A hostilidade pode originar--se de fatores políticos, humanitários, econômicos e religiosos, apoiada no fato de que os resultados

ou os métodos são contrários às satisfações de valores importantes, ou ainda da incompatibilidade entre os *ethos* [144] científicos e os que se encontram em outras instituições.[145]

Frequentemente, o pesquisador não determina onde ou como serão usados os resultados de suas pesquisas. Na medida em que tais usos sejam reprovados, a antipatia recai sobre a própria Ciência. Também raramente reconhecido é o fato de que pela elaboração complexa das ciências existe um abismo crescente entre o cientista e o leigo, que vê com desconfiança essas teorias *estranhas*, ainda que sua aplicação beneficie a sociedade como um todo.

> Nas mãos da ignorância, a ciência é rapidamente transformada em um monstro, causando um conflito estranho nas pessoas: por um lado, a sociedade é cada vez mais dependente das várias amenidades e confortos da vida moderna. Por outro lado, a ciência também ameaça, cria armas de destruição global e local, podendo até comprometer nossa posição como espécie dominante da Terra.[146]

Há uma necessidade cada vez mais premente de reconhecer a natureza global das decisões de política científica, e outra de estabelecer uma nova relação

144 Conjunto de regras, prescrições, costumes, crenças, valores e pressupostos obrigatórios para os cientistas (nota do autor).

145 Lais dos Santos Pinto Trindade. **Ciência e sociedade**, p. 2.

146 Marcelo Gleiser. **Micro e Macro:** reflexões sobre o homem, o tempo e o espaço, p. 346.

entre a Ciência e o poder, que reconheça essa dimensão internacional.

Poder é uma palavra incrivelmente emocional. Diante dela são infinitas as nossas reações. Sem poder (ser capaz) não há ação ou movimento. O poder como um ato de sabedoria, e não como instrumento para manipular pessoas, é a capacidade e habilidade de mudar as nossas vidas. *Conhecimento é poder: poder de produzir, de prever e de prevenir.*[147] Aplicar esse conhecimento em benefício da humanidade é sabedoria. Conhecimento e sabedoria são os dois principais pilares de um futuro comum melhor.

## 4. Ciência e Educação

*O seu olho direito é associado ao conhecimento racional; o esquerdo, à estética abstrata, ao emocional.*

A sala de aula, vista como um espaço onde ocorre a transmissão do conhecimento dos saberes, é uma das mais remotas criações da humanidade. O documento mais antigo conhecido entre nós, que descreve conteúdos e objetivos bem como a relação entre mestre e discípulo, data aproximadamente 4.600 anos. Remonta ao período arcaico egípcio e nele se encontram ensinamentos prontos para serem memorizados, um uso destinado a perpetuar-se.

É na Grécia homérica, período compreendido entre os séculos XII e VIII a.E.C., que encontramos

---

147 Federico Mayor (1998). **Ciência e poder hoje e amanhã**, p. 119.

uma nítida separação entre o saber e o fazer nos processos educativos. O primeiro, característico da educação homérica era destinado às classes dominantes e o segundo, representado pela hesiodéica,[148] aos governados que deveriam ser treinados trabalhando. Infelizmente, temos privilegiado, já há algum tempo, a tradição de Homero.

No período clássico, Esparta e Creta foram consideradas modelo na arte de educar. Ali, o ensino da música e da ginástica era coletivo, fornecido pelo Estado e confiado ao *pedônomo*.[149] Semelhantes, mas de caráter privado, eram os centros de iniciação existentes na periferia do mundo helênico, abertos também para as mulheres. Pela importância histórica de seu mestre, lembramos a escola de Pitágoras, cujo princípio se fundamentava na existência de um único bem que não se perde ao transmiti-lo, a educação, a *Paideia*.[150] Em Atenas ensinava-se em escolas abertas ao público e as famílias contavam com o *pedagogo*.[151] No século V a.C.

---

148 Referente a Hesíodo, poeta da Grécia antiga.

149 Legislador para a infância.

150 Significa a própria cultura construída a partir da educação. Era o ideal que os gregos cultivavam do mundo, para si e para sua juventude. Uma vez que o governo próprio era muito valorizado pelos gregos, a Paideia combinava ethos (hábitos) que o fizessem ser digno e bom, tanto como governado quanto como governante. O objetivo não era ensinar ofícios, mas sim treinar a liberdade e a nobreza.

151 Escravo cujas funções eram as de levar os jovens às escolas e repetir os ensinamentos ali recebidos.

houve uma modificação na história da sala de aula com a introdução da aprendizagem da escrita.

No período helenístico, cristalizou-se o modelo alexandrino de escolarização, caracterizado pela ênfase no ensino da escrita transmitida a partir de métodos de memorização, leitura de textos e exaustivos ditados. Nessas circunstâncias o melhor aluno seria o bom repetidor e a boa aprendizagem, aquela que se alcança pela disciplina. Neles, os autores, antes lidos no original, foram adaptados e transcritos para páginas que passaram a ser copiadas, decoradas e reproduzidas pelos estudantes.

Os séculos se passaram, o mundo mudou e a escola sofreu influências do humanismo renascentista, do nascimento da ciência moderna, das reformas protestantes, da Contra Reforma católica, do Iluminismo, da Revolução Francesa e da Revolução Industrial. O homem pisou na Lua e chegou, com seus instrumentos, aos limites do sistema solar, contudo, nas salas de aula a linha mestra continua sendo alexandrina. Uma herança repassada à posteridade em princípio aplicável a qualquer aprendiz, independente de raça, credo religioso e outros diferenciais.

A universalização do saber, atribuída ao conhecimento sistematizado, não considerou a existência dos diversos grupos sociais com culturas peculiares, situados em um tempo histórico com necessidades próprias desviou-se da questão central do processo educativo – sua finalidade – e se mostra capacitada apenas para trabalhar com seres "sem rosto".

O ensino das ciências no Brasil não se desencompatibilizou com esse sistema. Como vimos anteriormente, no período em que os jesuítas ficaram no Brasil, mais de duzentos anos, sempre foi privilegiada a educação humanista, impermeável à pesquisa e experimentação científica. As primeiras medidas das reformas pombalinas da instrução pública estavam voltadas fundamentalmente para a possibilidade de estruturar um trabalho pedagógico que fosse capaz de suprir a ausência do ensino jesuítico. Introduziram-se as aulas públicas de geometria e o desenho de modelo vivo por meio das aulas régias.

Sob o ponto de vista pedagógico, ocorreu um retrocesso, embora trouxesse algumas modificações importantes, introduzindo as ciências experimentais e o ensino profissional no seu currículo. Só que essas modificações e a introdução das ciências obedeceram à dicotomia entre o saber e o fazer.

Nos moldes positivistas, a Reforma Benjamin Constant procurava estruturar a formação científica, substituindo a tradição humanista clássica que vigorava no país, há mais de 300 anos. Foram introduzidas as disciplinas Matemática, Física, Astronomia, Biologia, Química e Sociologia. Essa estruturação não se efetivou e o que ocorreu foi apenas um acréscimo das matérias científicas às tradicionais, sem se conseguir implantar um ensino secundário adequado. Era um ensino de cátedra que não tinha um fazer, ocorria apenas a partir de leituras.

A Reforma Gustavo Capanema, de 1942, manteve o ensino secundário com dois ciclos: o ginasial, de 4 anos, e o colegial, de 3 anos, com as opções entre o curso clássico e o científico, formato que permaneceu quase que inalterado até 1971. Um ensino de ciências mais adequado aos tempos modernos foi proposto na LDB 9.394/96, conforme vimos anteriormente.

Uma questão que continua atual: como fazer do saber científico um saber escolar, de acordo com os apresentados na LDB 9.394/96?

Uma educação que não se pretenda homogeneizadora nem relativista precisaria adotar uma terceira alternativa, ou seja, colocar em diálogo as diferenças.

> Essa via, naturalmente difícil de ser trilhada, aposta que a explicitação dos conflitos de opinião, das razões que subsidiam os diferentes sistemas de valores e crenças, é fundamental para fecundar mutuamente os diferentes interlocutores. Em sala de aula, professores de ciências devem ser também agentes desse processo, o qual, evidentemente, completa-se em um trabalho integrado que envolva o conjunto de disciplinas e de docentes da escola.[152]

Tal trabalho deve levar em conta que a escola é um local de produção de saberes que não são iguais aos científicos nem à reprodução, com nova linguagem, dos saberes cotidianos. Trata-se, em outras palavras, da produção de um conhecimento com estatuto próprio, o escolar.

---

152 Renato José de Oliveira. **A escola e o ensino de ciências**, p. 124.

O estudo das relações que envolvem os saberes escolares e os saberes científicos é bastante recente no Brasil.

> Um olhar retrospectivo nos mostra que as discussões pedagógicas dos anos 1980 parecem não evidenciar a problemática das relações entre saberes científicos e escolares. Em meio à luta para a construção de uma *pedagogia crítica*, os textos, em sua quase totalidade, contentaram-se em cunhar os saberes escolares genericamente como "conjunto dos elementos essenciais do conhecimento humano", "saber historicamente elaborado pela humanidade", "saberes universais" etc.[153]

Na década seguinte, o tema das relações entre os saberes científicos e escolares passou a ser discutido em novas bases, constituindo uma verdadeira problemática, a partir dos campos denominados *história das disciplinas escolares* e *didática das disciplinas*.[154]

Os saberes escolares, para Chervel, contrariamente ao que apregoa tradicionalmente, não representam vulgarização dos saberes científicos:

---

153 Wagner Rodrigues Valente. **Saber científico, saber escolar e suas relações:** elementos para reflexão sobre a didática, p. 2.

154 A. Chervel. **História das disciplinas escolares:** reflexões sobre um campo de pesquisa. Na obra, o autor discute as relações entre as ciências, tratadas por ele como ciências de referências, e os saberes escolares, considerados sob a forma de disciplinas escolares, tendo por núcleo principal os conteúdos de ensino.

São concebidos como entidades sui generis, próprios da classe escolar, independentes, numa certa medida, de toda realidade cultural exterior à escola, e desfrutando de uma organização, de uma economia interna e de uma eficácia que elas não parecem dever a nada além delas mesmas, quer dizer à sua própria história.[155]

No campo da didática das disciplinas, o trabalho de Yves Chevallard é uma das referências para a discussão das relações entre os saberes científicos e escolares, partindo do Movimento da Matemática Moderna. A principal categoria trabalhada pelo autor, o conceito de *transposição didática*, estabelece a passagem do saber científico para o saber ensinado. No seu modelo, saberes científicos e saberes escolares relacionam-se por fluxos de elemento do primeiro que se inserem no segundo, de tempos em tempos, em razão de crises no saber ensinado. Para ele, todo sistema de ensino deve ter seu funcionamento compatível com o ambiente social em que está inserido. *O uso do saber ensinado, com o tempo, produz um envelhecimento desse saber, o que leva à incompatibilização do sistema de ensino com o meio ambiente social.*[156]

Partindo do modelo da transposição didática, a compatibilidade, em termos de saberes,

---

155 Ibid, p. 180.

156 Yves Chevallard. **La transposition didactique:** du savoir savant au savoir au savoir enseigné, p. 26.

...deve ser vista por uma dupla imposição. De um lado, o saber ensinado – o saber tratado no interior do sistema de ensino – deve ser visto pelos sábios/cientistas como suficientemente próximo do saber científico, a fim de não incorrer em desacordo com os matemáticos, o que minaria a legitimidade do projeto social de seu ensino. Por outro lado, e ao mesmo tempo, o saber ensinado deve aparecer como suficientemente distanciado do saber banalizado pela sociedade (e notoriamente banalizado pela escola).[157]

O modelo da transposição didática expandiu-se para as mais diversas disciplinas e as relações entre os saberes científicos e os escolares ficaram caracterizadas sempre por uma transposição de conteúdos, originários do saber científico destinados a serem incorporados como conteúdos escolares.

O entendimento dos saberes escolares, ancorado na teoria da transposição didática, dá-se a partir da análise da origem de conceitos que em algum momento fizeram parte do saber científico, e que sofreram um processo de transposição. Assim, dentro da perspectiva da didática das disciplinas, o significado dos conteúdos escolares deverá ser buscado na história das transposições efetuadas para constituí-lo.[158]

---

157 Ibid. p. 26.
158 Wagner Rodrigues Valente. **Saber científico, saber escolar e suas relações:** elementos para reflexão sobre a didática, p. 5.

Entretanto, se o modelo da transposição didática não serve como categoria histórica para compreender o significado dos saberes escolares, qual seria o caminho a ser seguido? A História da Ciência pode ser esse caminho. No entanto, não podemos esquecer que a História da Ciência durante muito tempo levada para a sala de aula, simplesmente relatava ou descrevia aqueles aspectos da Ciência que dizem respeito às descobertas científicas, no lugar de refletir sobre a origem e o desenvolvimento desse tipo de atividade humana.

> Abordar a ciência e a tecnologia pela história não é tomá-la como um processo linear, um processo que tenha por referência, simplesmente, a cronologia dos acontecimentos e das transformações; é preciso tomar a história no seu movimento dos contrários, pois é este que permite mostrar por que é inegável que ciência e tecnologia transformaram nossas concepções da vida e do universo e de como revolucionaram as regras segundo as quais opera o intelecto.[159]

Podemos encontrar respostas em um novo enfoque da História da Ciência, baseado em uma abordagem historiográfica, que procura redefinir o que são práticas científicas. Nessa historiografia, o ponto inicial dos debates ocorre pela recusa da imagem construída das ciências.

---

159 Eric Hobsbawn. **Era dos extremos: o breve século XX**, p. 504.

A redefinição do significado das práticas científicas se coloca contra o discurso dominante que torna as ciências, enquanto sistemas de proposições, sistemas de enunciados que devem ser postos à prova em confronto com a experiência.[160]

Sob esse enfoque, a História das Ciências mergulha nos novos objetos históricos: história dos instrumentos, análises das práticas científicas, tecnologias literárias, história das organizações e escolhas técnico-científicas, focando o debate entre as diferentes ideias existentes no mesmo período. O fazer ciência é um processo longo e não está baseado em descobertas, não é obra de gênios, não é um saber revelado.

O destaque dado à História da Ciência nas recentes pedagogias da educação científica é no sentido de se buscar conexões úteis para as mudanças conceituais que o ensino visa promover. E como devemos trabalhar a História da Ciência, de modo a superar a transposição didática dos livros para a sala de aula?

Primeiro não podemos esquecer que a Ciência e a tecnologia são parte essencial do mundo atual. Então, que saberes devem ser ensinados nas escolas de Ensino Médio? E como fazer para se estabelecer conexões entre os diferentes conhecimentos? Continuamos ensinando do mesmo modo que fazíamos antes da Revolução Científica nos séculos XVII e XVIII e o anacronismo da situação faz com que a desinformação ocorra já nos primeiros anos escolares.

---

160 Wagner Rodrigues Valente. **Saber científico, saber escolar e suas relações:** elementos para reflexão sobre a didática, p.6.

A ciência, tal como foi concebida nos programas de Ensino Médio, impõe aos alunos, logo de início, uma série de axiomas, de regras colocadas como dados estáveis e definitivos. Antes mesmo de fazermos um passeio pela natureza com os alunos, de constituirmos com eles um conjunto de fenômenos, de trabalharmos pela construção dos fatos, nós lhes apresentamos o modelo final. Essa abordagem esterilizada leva, às vezes, a dar aos alunos respostas para perguntas que eles nem sequer fizeram.[161]

Por vezes, eles não perguntam. Apenas aceitam!

Como fazer, então, as conexões entre os diferentes conhecimentos por meio da História da Ciência? Tradicionalmente, as pesquisas referem-se às causas primeiras, pelo viés do método analítico. No decorrer dos últimos anos, descobriu-se, após avaliar as relações entre as disciplinas e as pesquisas, que uma abordagem chamada sistêmica permite organizar os conhecimentos de modo diferente e compreender não mais somente pela análise, mas também pela síntese.

Essa síntese pode ser conseguida pela História da Ciência, que mostra a Ciência como uma abordagem, uma forma de compreender o mundo com fortes vínculos temporais e sociais, algo que está norteando uma constante mutação que busca respostas para as necessidades de sua época e não algo como verdade absoluta.

---

161 Pasquale Nardone. **Teorias cosmológicas e ensino de ciências**, p. 44.

A História da Ciência mostra como o pensamento científico se modifica com o tempo, evidenciando que as teorias científicas não são definitivas e irrevogáveis; desmistifica o método científico, fornecendo ao estudante os subsídios necessários para que ele tenha uma melhor compreensão do fazer ciência. Além disso, pode transformar as aulas de ciências em mais desafiadoras e reflexivas, possibilitando, dessa maneira, o desenvolvimento do pensamento crítico. A responsabilidade maior no educar com o ensino de ciências é procurar que nossos alunos, com a educação que fazemos, transformem-se em seres humanos mais críticos.

Como observamos nas nossas práticas e vivências, dificilmente um professor abre mão de suas crenças e valores diante da sua sala de aula; portanto, todos nós abraçamos mitos pessoais que são facilmente identificados nas nossas ações, nas nossas preferências, e se refletem desde a escolha e recorte dos conteúdos a serem abordados, perpassam todo o processo de ensino e vão até a forma de avaliação e por isso não podem ser desconsiderados.

Aqueles que afirmam deixar "fora da sala de aula" suas preferências e suas crenças deixam apenas fora dela suas consciências, que se mostram incompletas e sem vida para seus alunos – tal qual a ciência que pretendem ensinar.

# IV. O olhar do professor – Ensaios

*Hórus, nascido fraco, tornou-se forte sob o amor mágico e protetor de Ísis.*

## 1. A história de minha prática como professor de História da Ciência no Ensino Médio

A partir da década de 1960, começou a se delinear a História da Ciência como um espaço para a crítica do conhecimento científico por meio da interdisciplinaridade. Um espaço que procura resgatar a ética científica, em uma linguagem que respeita a humanidade, o Universo e, portanto, resgata o homem no seu sentido superior.

Ninguém duvida de que a Ciência modificou profundamente nossa sociedade e que esta transformação vem se acentuando cada vez mais e mais rapidamente. Por permear todo o mundo contemporâneo, nada mais necessário e interessante que conhecê-la.

Todos nós tivemos a oportunidade, pelo menos até o Ensino Médio, de entrar em contato com várias ramificações dessa ciência, mas a maioria apenas "engoliu sem digerir" o que foi ensinado. Isso porque nos apresentaram apenas personagens, fatos, localizações, fórmulas e exercícios para os vestibulares. E o pior, de forma totalmente desarticulada.

Se a Ciência estivesse presente na sala de aula como a fascinante aventura da inteligência humana, em suas várias faces, certamente nossa compreensão do mundo e de nós mesmos seria outra. Sim, porque se os cientistas desvendaram o macro e o microcosmo, também se apoiaram em várias teorias para justificar o racismo,[162] sustentar regimes ditatoriais e desenvolver armas mais eficientes para destruir o "inimigo", outro ser humano. Se não fizeram isso diretamente, colaboraram por omissão, refugiando-se na suposta neutralidade política, em nome da Ciência.

No entanto, agora, mais importante que julgar sob o ponto de vista de um radicalismo moral que tudo condena ou sob a complacência de um relativismo que tudo justifica, mas dilui as responsabilidades, é compreender que um dos maiores dilemas de nossa época é administrar a imensa gama de conhecimentos disponível. Se a Ciência está profundamente vinculada à vida de todos nós, o conhecimento científico passa também a ser responsabilidade de todos nós. Nem a ignorância pode justificar a omissão.

Em função dessa nova forma de olhar, especialmente surgida entre alguns educadores, é que no

---

162 A teoria da eugenia é um exemplo disso.

decorrer dos anos 1990 houve um crescente interesse pelo ensino da História da Ciência. Nos últimos anos muito se tem falado sobre sua importância na formação dos alunos do Ensino Médio, contudo, pouco foi feito nesse sentido, e mesmo quando alguma coisa é feita, não passa de uma construção episódica nas disciplinas das chamadas Ciências da Natureza (Física, Química e Biologia) e na Matemática. Quando são introduzidos, os conteúdos aparecem apenas de forma ilustrativa, configurando o que se convencionou chamar de "perfumaria", uma espécie da pausa para respirar entre dois conteúdos "duros" e que realmente, estes sim, devem merecer a importância do professor e do aluno! É claro que este fato também tem uma história, quase secular: nas escolas de ciências, os velhos cientistas ministravam aulas sobre História da Ciência como curiosidade, para estimular jovens estudantes. Era como um prêmio para antigos professores que, além de terem alcançado a maturidade em uma área específica de estudos e pesquisa, tinham vivência suficiente para falar sobre sua História; além disso, era uma forma de recreação para a vida desgastante do laboratório e dos longos cálculos teóricos. Não existia uma área profissional para seu estudo.

Esta não é, realmente, a História da Ciência que desejo que faça parte da formação dos alunos de Ensino Médio do nosso país, porque isso não é História da Ciência. Apesar de entender que seja fundamental que os professores das disciplinas de ciências introduzam, no cotidiano das suas aulas, tópicos de História da Ciência que não se limitem a um caráter apenas ilustrativo, parcial, factual e cronológico, acredito que a existência de um espaço curricular próprio e específico para os conteúdos de História da Ciência possibilite que estes possam ser abordados e articulados de forma muito mais orgânica no processo ensino-aprendizagem.

Em 1999, foi apresentada e, a partir de 2000, implementada a ideia de que o bloco de cinco disciplinas optativas proposto para os terceiros anos do Ensino Médio do CEFET – SP, de responsabilidade da área de Ciências da Natureza, Matemática e suas Tecnologias contivesse uma disciplina de caráter integrador denominada História da Ciência. O eixo gerador escolhido foi a compreensão dos conceitos científicos ao longo da História, vinculados ao desenvolvimento tecnológico e econômico da sociedade, procurando inter-relacionar os conhecimentos desenvolvidos nas diversas Ciências da Natureza e na Matemática.

A introdução desta disciplina como componente curricular do Ensino Médio teve como objetivos promover a capacidade de reflexão crítica dos alunos sobre o desenvolvimento científico e tecnológico, estimulando a compreensão e o respeito pela natureza que nos envolve; o conhecimento dos instrumentos tecnológicos construídos com a ajuda da Ciência, conectando as "diferentes disciplinas" científicas entre si e com as humanidades, a Arte e a Filosofia; e a reflexão acerca do conhecimento científico, sobre as controvérsias existentes ao longo da construção da Ciência, que precisam ser encaradas como naturais e até mesmo necessárias para que novas ideias possam vir à tona, colaborando para a melhor compreensão do Universo.

Sua importância fica patente também pelo fato de que, cada vez com maior frequência, há a necessidade de se conhecer a linguagem científica para compreender a situação da Ciência e da tecnologia sob o ponto de vista das consequências sociais, econômicas, políticas, culturais e éticas. Uma metodologia que se coaduna com os objetivos pedagógicos desta disciplina leva em conta, ainda, a relação bastante fértil entre a Ciência e a literatura; portanto, atividades de leitura são fundamentais, seja de textos de divulgação científica ou de documentos originais. Trabalhando com eles, mais do que obter informações de maior ou menor importância, percebi que meus alunos se aproximavam da vida viva dos homens que os haviam escrito, de suas dificuldades, de suas emoções e também de suas incertezas ante as novas descobertas.

Alguns temas da História e da Filosofia da Ciência discutidos foram: relações entre Ciência, tecnologia e sociedade; origens das atividades científicas; a ciência na Antiguidade e no mundo greco-romano; a ciência medieval e, ainda a ciência árabe; o Renascimento e o nascimento da ciência moderna; o Iluminismo e a ciência clássica do século XIX; a ciência do século XX e as perspectivas científicas para o futuro da humanidade.

Como metodologia do trabalho pedagógico, foram usadas leituras de livros de divulgação científica, de literatura clássica e de textos originais de cientistas, além de seminários, vídeos científicos, peças teatrais, visitas a museus, frisa do tempo etc.

A dinâmica de trabalho para a discussão dos textos teve início com a divisão da turma em dez grupos de quatro alunos. A cada semana, um grupo apresentou um seminário sobre o tema escolhido, seguido por uma discussão aberta a todos os grupos que haviam previamente lido o texto em questão. Via de regra, as discussões foram proveitosas, pois possibilitaram um excelente exercício de interdisciplinaridade pelas ligações estabelecidas com as outras áreas do conhecimento, como a Filosofia, a História, a Arte etc. Em todos os seminários, o que mais chamou minha atenção foi o método que utilizaram para construir a pesquisa: em vez de dividirem o assunto e pesquisar por partes, notei que a maioria trabalhou em conjunto. Também foi gratificante verificar que não só o tema escolhido pelo grupo merecia a atenção dos seus integrantes, mas a maioria dos alunos mostrou conhecimento dos assuntos apresentados pelos demais grupos.

As peças teatrais foram muito enriquecedoras, particularmente *Copenhagen* e *Einstein*, apresentadas pelo grupo Arte e Ciência no Palco. Ambas têm como ponto central de seus textos os dilemas éticos vivenciados por cientistas importantes do século XX. Essas peças geraram enorme polêmica entre os alunos e propiciaram uma série de discussões em sala de aula quanto à ética e à moral.

A interação da arte com a Ciência pode manifestar-se de diversas maneiras. O teatro tem se mostrado uma importante forma de divulgar a Ciência. O grupo *Arte e Ciência no Palco* vem, desde 1988, apresentando importantes peças que despertam o interesse pela Ciência. As peças apresentadas até agora são: *Einstein; Da Vinci Pintando o Sete; Copenhagen; Perdida, uma comédia quântica; Quebrando Códigos; E agora Sr. Feynman?; Ufa; A Dança do Universo; Oxigênio; Rebinboca & Parafuseta;* e, mais recentemente, *After Darwin.*

O objetivo do grupo é investigar a relação da arte e da Ciência. O teatro, com sua imensa capacidade de envolver, emocionar e provocar procura traduzir pelo *sentir* e pelo *pensar* os conflitos éticos da Ciência, despertando o público para as responsabilidades e consequências dos avanços da Ciência na vida das pessoas.[163]

O teatro como arte é capaz de entreter e, simultaneamente, propiciar uma vivência e reflexão sobre o conhecimento humano.

Outras atividades também possibilitaram novas e interessantes abordagens para o aprofundamento das discussões realizadas em sala de aula. Entre elas, sem sombra de dúvida, foi a utilização de vídeos. Alguns filmes permitiram e incentivaram reflexões que, com certeza, já estavam sendo propostas pelos textos usados. Um deles é o magnífico filme *O Nome da Rosa*, baseado na obra homônima de Umberto Eco e dirigido

---

163 www.arteciencianopalco.com.br

por Jean-Jacques Arnaud, que constrói um retrato bastante elaborado da forma como o conhecimento era concebido e transmitido durante a Idade Média, e das dificuldades para romper esses cânones. Outro filme que também complementa, de maneira feliz, as discussões realizadas em sala de aula é *A harmonia dos mundos* da série *Cosmos*, elaborada por Carl Sagan e que se refere à forma como Kepler chegou às suas famosas leis e as idas e vindas, os encontros e desencontros, os sucessos e os fracassos ocorridos nessa sua jornada. Era a época na qual se iniciava a revolução científica, que seria coroada posteriormente pelo trabalho magnífico de Newton, nos seus *Principia*.

Um gênero de atividade sempre importante em um curso de História da Ciência é o trabalho com textos científicos originais, que podem ser contrapostos à forma didática e frequentemente "pasteurizada" com que os mesmos conteúdos são atualmente tratados na educação básica. Na sequência do estudo sobre Kepler, uma opção de trabalho tem sido a análise da apresentação de suas teorias no texto original dos *Principia*.

Os alunos desenvolveram uma monografia de final de curso que se mostrou um instrumento de desenvolvimento e amadurecimento científico. Desde o primeiro dia de aula, foram orientados para a sua elaboração com a utilização das normas e padrões ABNT quanto à estruturação do texto e as referências bibliográficas, bem como os elementos constitutivos de um projeto de pesquisa: a delimitação do problema, definição da base conceitual etc. Foi uma experiência prazerosa e permeada de muita alegria, pois fui percebendo, quando lia cada monografia, o impacto emocional sentido pelos alunos no resgate da totalidade, do prazer de aprender e descobrir, atitudes desprezadas no processo de aprendizagem tradicional. Conseguiram com isso redimensionar o relacionamento com as ciências, que em geral se lhes apresentam como disciplinas áridas, difíceis e que requerem um grande esforço para serem aprendidas embora logo sejam esquecidas.

Em 2002, uma nova proposta de trabalho foi colocada em prática: a construção de uma frisa do tempo, tendo como tema a obra *Frankenstein*, de Mary Shelley. Um grupo de alunos elaborou a pesquisa dos fatos científicos e históricos relevantes e pertinentes à época em que se desenrola a trama literária, como a Alquimia, os avanços no campo da eletricidade, a Medicina, a Revolução Industrial e a Revolução Francesa. A frisa do tempo[164] foi apresentada em forma de painel durante a Semana Cultural do CEFET-SP e fez bastante sucesso, mostrando ser um instrumento importante para a divulgação histórica da Ciência.

Em 2003, iniciei um trabalho de resgate do desenvolvimento da Ciência no Brasil, conforme relatei no item I.3, e que despertou um grande interesse dos alunos ao tomarem consciência do importante trabalho dos cientistas brasileiros.

---

164 Também conhecida como linha do tempo.

Nesse projeto de inclusão da disciplina História da Ciência no Ensino Médio do CEFET-SP, os alunos acompanharam o desenvolvimento científico da humanidade desde os primórdios da civilização até os dias de hoje. Nesta grandiosa aventura da História, nos seus vários momentos, estudaram como os seres humanos se relacionam, em todos os tempos, com o conhecimento empírico-científico.

Ao longo do processo, perceberam e compreenderam que a Ciência pode ser estudada e aprendida de maneira integrada, incluída em um contexto social, político, econômico, ético e científico, quando então, em certa medida, passa também a ser vivenciada. A par disso, a consciência da interdependência entre as disciplinas resultou em uma visão mais ampla e crítica. Com essas ferramentas certamente poderão prosseguir pesquisando e aprendendo sozinhos, se assim desejarem, e amplificando a compreensão do significado de Ciência.

Na análise deste processo, situo como eixo inicial de apreensão, **a própria Ciência.** Gradativamente, os alunos foram desconstruindo o conceito pronto e acabado de Ciência, que infelizmente é encontrado, ainda hoje, na maioria dos livros didáticos. Mais importante para nós, professores e alunos, é compartilhar a ideia de que ela exerce um papel relevante na vida social e produtiva do ser humano, nos seus aspectos positivos e negativos. Não podemos negar as facilidades que a Ciência e a tecnologia trazem para o nosso cotidiano, nem a sua ação devastadora, como vimos nos atentados terroristas, de 11 de setembro de 2001, que causaram perplexidade mundial. O compartilhamento dessas ideias tornou-se viável através de um novo olhar do processo ensino-aprendizagem que colocamos em prática nos encontros semanais.

Ao conquistar a confiança dos alunos nessa nova empreitada, adquiri uma nova postura, descobrindo na minha prática pedagógica o que existe de positivo, observando-a com um olhar atento, sem medo das transformações e buscando as novas ações para transformar o ensino de História da Ciência em um espaço alegre de compartilhamento, de parceria com alunos e outros professores, de construção individual e coletiva, de aprendizagem. Neste novo olhar, a **atitude interdisciplinar** tomou conta da minha ação docente.

> À medida que o tempo vai passando, os alunos vão deixando de ser meras pessoas nesta sala e começam a fazer parte do professor. Isto acontece aos poucos, daí a categoria da espera, uma espera vigiada que vai sendo alimentada a cada aula, pois em cada encontro o aluno vai adquirindo uma nova roupagem para o professor.[165]

A interdisciplinaridade é um processo que precisa ser vivido, exercitado. O exercício desse processo ameniza, no interior do professor, o egoísmo, a vaidade e

---

165 Ivani Fazenda. **Dicionário em construção:** interdisciplinaridade, p. 225.

o orgulho. O principal fundamento da interdisciplinaridade é a humildade decorrente da visão panorâmica da realidade, em que a disciplina isolada deixa de ser importante se ela não for parte do todo que os seres humanos vivenciam consciente ou inconscientemente.

O espaço curricular História da Ciência mostrou-se capaz de promover o entendimento sobre o desenvolvimento científico e tecnológico, estimulando a compreensão e o respeito pela Natureza que nos envolve, bem como as relações com a Arte, a Filosofia, a Literatura e a História. O aluno crítico e pensante, que aprende a aprender, está preparado para os exames oficiais e os vestibulares, pois, as novas concepções de educação, que não deixaram de lado os conteúdos, passaram a contextualizá-los de forma interdisciplinar, possibilitando o desenvolvimento do pensamento em resposta aos desafios vitais. São estes os alunos que o novo tempo pede urgentemente, porque se torna cada vez mais importante a compreensão da interdependência entre todos os seres humanos.

Por tudo o que vivenciei e compartilhei com os alunos neste projeto, comecei realmente a me sentir um professor interdisciplinar, com uma nova visão do processo ensino-aprendizagem-avaliação, em que a desconstrução do professor tradicional, disciplinar, reduz os preconceitos e dá lugar à consciência crítica, que possibilita enxergar melhor que a Ciência não explica tudo, não é dona da verdade; que ninguém sabe tanto que não tenha algo a aprender com alguém e, principalmente, que não existem verdades prontas e acabadas.

Trabalhar com os alunos do Ensino Médio do CEFET-SP nessa disciplina foi uma experiência bem-sucedida, um desafio vencido. Ficou claro que é possível trabalhar de forma interdisciplinar e contextualizada e que a História da Ciência é um dos instrumentos que possibilitam essa tarefa pedagógica. A resposta dos alunos ao desenvolvimento do projeto está explicitada nos questionários (Anexo 1) respondidos por eles ao término de cada curso e será analisada no capítulo V.

Tal experiência durou até 2005, pois nesse momento passei a me dedicar por inteiro ao Curso de Formação de Professores de Física, onde eu procurava compartilhar com os alunos a minha experiência no Ensino Médio com a História da Ciência. Senti a necessidade de mostrar como eles poderiam explorar o desenvolvimento histórico da Ciência para criar um diferencial que possibilitasse um ensino mais interessante e contextualizado com os seus alunos do Ensino Médio.

## 2. A experiência no Ensino Médio levada ao curso de formação de professores

Quando se analisa a atual legislação brasileira para a formação de professores na área de ensino de Física, percebemos uma situação de falta de consenso ou de disputa pragmática sobre o ideal de profissionalização docente. De um lado, as *Diretrizes Curriculares*

*Nacionais para os cursos de graduação em Física* (Parecer CNE 1304/2001) apontam para a licenciatura como orientação final de curso de graduação de Física, caracterizando um *físico-educador* ou um *bacharel que pode lecionar. Em tais Diretrizes, a identidade do professor de Física é consolidada no âmbito da graduação que ele obtém na área de conhecimento específico mais do que na licenciatura.*[166]

Os alunos, nesta modalidade de formação, não se envolvem com as perspectivas filosóficas e históricas do conhecimento e o estudo da Física e outras ciências continua apoiado no conceito positivista de que a Ciência é fruto do trabalho de dedicados cientistas que descobrem as verdades já escritas na natureza, das quais nos aproximaremos até as desvelarmos completamente por meio da observação e de medidas mais rigorosas.

> Sem condições de analisar criticamente o projeto de ensino, os futuros docentes acabam retransmitindo um programa em uma lógica de conteúdos baseada no conhecimento estruturado de quem já sabe ciência, na qual os alunos não encontram sentido e, portanto, não aprendem.[167]

O saber científico, da forma como é ensinado, fica desprovido do poder de invasão. Quer dizer, não encanta e não seduz, porque não explica o homem.

---

166 Marcos Pires Leodoro. **Por um currículo humanista para a Licenciatura em Física**, p. 2.

167 Lais dos Santos Pinto Trindade. **A alquimia dos processos de ensino-aprendizagem em Química**, p. 46.

Em contraparte, a concepção das *Diretrizes para a formação de professores da educação básica de graduação plena* (Parecer CNE/CP 9/2001) pressupõe a identidade própria dos cursos de licenciatura e uma abordagem integrada dos diversos saberes didáticos, pedagógicos e de conhecimentos específicos de determinada área do saber são necessários ao exercício profissional do professor.

A proposta de um currículo que inclua a complexidade[168] do ser professor para a licenciatura se opõe à compartimentação excessiva do conhecimento por considerar que a desarticulação dos saberes na formação do professor e o tratamento da didática circunscrito às técnicas do ensino tendem à neutralização da ação política própria da atividade docente. Ao contrário, é a complementaridade didática e pedagógica do currículo e a articulação dos saberes que potencializam a capacitação político-pedagógica do licenciado.

O Curso de Formação de Professores de Física do CEFET-SP foi concebido com base em uma proposta que rompia com os cursos tradicionais, buscando uma abordagem integrada dos conhecimentos. Mesmo assim, sabia, de antemão, que a minha tarefa não seria fácil ao lecionar História da Ciência para eles, pois, apesar dessa concepção curricular, uma parte significativa dos alunos padecia da falta de cultura científica humanista que possibilitasse compreender amplamente o papel e os determinantes sociais e culturais da Ciência.

---

168 Uso esse termo no sentido etimológico – o que está tecido – e não no aspecto de complicado.

Como citei no item anterior, a minha intenção era mostrar como eles poderiam explorar o desenvolvimento histórico da Ciência, a fim de criar um diferencial que possibilitasse um ensino mais interessante e contextualizado com os seus alunos do Ensino Médio, pois a contextualização é um dos elementos norteadores da educação básica, conforme a LDB. Para tanto, procurei na homologia de processos, que diz respeito à situação específica da formação do futuro professor, que efetuará uma transposição, para a sala de aula, da sua vivência como aluno, a ação pedagógica para tal intento. Nessa situação, o futuro professor vivencia as situações, estratégias e metodologias, às quais irá submeter o seu aluno. Os meus alunos, futuros professores, levariam para as suas salas de aula, além das metodologias e estratégias vivenciadas no espaço curricular História da Ciência, a minha experiência com essa disciplina no Ensino Médio, que eu agora compartilhava com eles.

No plano de ensino para o espaço curricular Ciência, História e Cultura procurei evidenciar que o entendimento da natureza histórica, social e cultural do conhecimento científico é, ao mesmo tempo, um objetivo e um dos maiores desafios da educação para a Ciência. Assim, esse espaço curricular aborda não apenas elementos da historiografia da Ciência, mas problematiza o seu papel no ensino e na divulgação científica. São estudados materiais didáticos, produção acadêmica e projetos de ensino que incorporam e propõem o ensino da Física articulado à dimensão cultural da Ciência e as relações múltiplas entre a implicação e a determinação social do conhecimento científico e seus produtos tecnológicos. São propostas atividades de estudo visando à incorporação da pesquisa em ensino das ciências à prática de sala de aula.

Nessa disciplina, ministrada no sexto semestre, com cinco aulas semanais, a dinâmica de trabalho tem início com a formação de grupos de três alunos. Os momentos históricos do desenvolvimento da Ciência são abordados, ao longo do semestre, com debates, em torno do livro *A História da História da Ciência*.[169] Em cada etapa são exibidos vídeos sobre o contexto histórico e social da Ciência. Podemos citar alguns: *O Nome da Rosa; A vida de Leonardo da Vinci; Genius: Galileu e Darwin; Giordano Bruno; Hiroshima: dois dias que abalaram o mundo; Alexander Graham Bell; Santos Dumont: o homem pode voar; A chegada do homem a lua* e *Cientistas Brasileiros: César Lattes e José Leite Lopes*. Cada aluno elabora uma análise crítica sobre o vídeo, a visão de Ciência de quem o produziu, localizando o contexto histórico e as possibilidades da sua utilização com os seus alunos do Ensino Médio, seguindo a homologia de processos.

Ao longo do semestre, cada grupo apresenta um seminário abordando um livro sobre História da Ciência, com a intenção de aprofundar alguns temas estudados, fazendo a articulação dos três eixos: Ciência,

---

169 TRINDADE, Diamantino Fernandes & TRINDADE, Lais dos Santos Pinto.

História e cultura, de forma a permitir que o aluno tenha uma visão crítica a respeito do papel da Ciência no mundo de hoje e de como a História da Ciência pode colaborar para formar cidadãos conscientes, autônomos e alfabetizados cientificamente, conhecendo as principais correntes filosóficas a respeito de como acontece o desenvolvimento da Ciência.

Outra atividade proposta é a elaboração de uma carta com a análise de um livro paradidático, com o objetivo de inserir a História da Ciência nas aulas do Ensino Médio. A carta deve conter uma análise crítica do livro, os objetivos a serem atingidos, a razão da escolha do livro em questão, os temas a serem abordados, o público a ser atingido, as condições necessárias, a fundamentação teórica do trabalho, as propostas de atividades e a forma de trabalho, as estratégias didáticas a serem usadas, as formas de avaliação e a maneira de aferir a eficiência do trabalho, as habilidades e os valores que deverão ser trabalhados com os alunos, a bibliografia e sitografia complementares etc.

Podemos citar como exemplo o livro *Os Botões de Napoleão: as 17 moléculas que mudaram a História*,[170] que apresenta a importância de estudar a história da Química para compreender o desenvolvimento desta Ciência e o seu papel no mundo atual, mostrando que algumas estruturas químicas desempenharam um papel essencial e muitas vezes não reconhecido no desenvolvimento da civilização. No momento em que

---

170 COUTER, Penny Le & BURRESON, Jay.

vivemos desafios e transformações na reconstrução dos processos educacionais que representam possibilidades efetivas de aprendizagem, o uso de leituras paradidáticas envolvendo temas relacionados à História da Ciência é um convite para conhecer novas propostas de mudanças no processo de ensino-aprendizagem tradicional da disciplina de Química.

O primeiro tema desse livro, por sinal o único que não tem comprovação, procura explicar o fracasso da campanha de Napoleão na Rússia, em 1812, por algo tão insignificante quanto um botão fabricado com o estanho, metal que, quando exposto a temperaturas baixas, se esfarela. Todas as fardas dos regimentos de Napoleão eram fechadas com botões feitos deste material. Os demais temas e suas correlações são os seguintes:

- As especiarias e as navegações
- A vitamina C e o escorbuto
- A glicose, a cana-de-açúcar e a escravidão
- A celulose, o algodão e a revolução industrial
- Componentes nitrados: os explosivos e a colonização da América
- A seda e o nylon: rotas de comércio e moda
- O fenol e a esterilização
- O isopreno e a borracha
- Os corantes sintéticos e o nazismo
- Remédios modernos: aspirina, sulfa e penicilina
- A pílula e a revolução sexual
- Os alcalóides e a inquisição
- Morfina, nicotina e cafeína: alterações da percepção

- O ácido oleico e o azeite de oliva
- O sal e a preservação dos alimentos
- Compostos clorocarbônicos: refrigeração e anestesia
- A quinina e a malária

Eu e o professor Ricardo Roberto Plaza Teixeira apresentamos um trabalho sobre a utilização deste livro na Jornada de História da Ciência e Ensino na PUC-SP em julho de 2007.

Da mesma forma como fizemos no projeto do Ensino Médio, foram programadas atividades externas como teatro, cinema e visitas a museus. A visita ao Museu dos Transportes Públicos de São Paulo possibilita conhecer um pouco da história da cidade e como a evolução dos meios de transporte está inserida na transformação do panorama histórico e social da população paulistana. Na Pinacoteca de São Paulo, a exposição *Laboratório do Mundo: ideias e saberes do século XVIII*, com um vasto acervo da Universidade de Coimbra, abriu um portal do tempo para a compreensão dos fenômenos naturais propiciadas pela revolução de mentalidades operadas pelo Iluminismo.

As peças teatrais *Copenhagen* e *Einstein*, que têm como ponto central de seus textos os dilemas éticos vivenciados por cientistas importantes do século XX, levam os alunos a uma reflexão a respeito das questões éticas importantes relacionadas à Ciência, à sua história e às controvérsias científicas existentes em diferentes periódicos sobre a História.

A análise de textos científicos traduzidos dos originais mostrou como eles se contrapõem ao ensino de resultados e conduzem a interações com tempos diferentes dos atuais, que tinham sua própria realidade. Com essa atividade, pude perceber que os alunos começaram a manifestar maior autonomia, pois desenvolveram um instrumento mais poderoso que a inteligência: a imaginação.

O estudo de alguns tópicos dos Parâmetros Curriculares Nacionais para o Ensino Médio possibilitou uma análise das diferentes estratégias para a inserção da História da Ciência na educação básica, refletindo sobre o impacto, na ciência moderna e na educação científica dos jovens, das teorias que abordam a evolução da vida e do Universo, conhecendo melhor e de forma efetiva a ciência atual a partir do estudo da evolução dos conceitos científicos.

No final do sexto semestre, os estudantes já amadureceram muitos conceitos das teorias educacionais e experiências pedagógicas, pois completaram uma parte significativa dos estágios supervisionados que, no curso em questão, estão articulados a oito espaços curriculares e privilegiam o vínculo entre a teoria e a prática, atrelados a discussões e aos referenciais teóricos apresentados em cada um desses espaços curriculares. Assim, como atividade final, cada grupo preparou um plano de aula referente a um tema da Física, permeado pela História da Ciência. Durante as apresentações, fui percebendo que eles compreenderam que realmente existem possibilidades para deslocar a visão hermética e tradicional de ensinar ciências, presente nos manuais didáticos, para uma visão ampla e crítica na qual ela não aparece como algo pronto e acabado. Mais importante do que isso é a percepção de que a História da Ciência não deve ir para a sala de aula como complemento ou curiosidade e, sim, fazendo parte do contexto desse novo olhar do ensino-aprendizagem de ciências.

A minha experiência com os professores em formação dos cursos de Química, Física e Matemática no Instituto Superior de Educação Oswaldo Cruz apresentou algumas particularidades diferentes daquelas do CEFET-SP. Os dois primeiros anos são comuns para os três cursos (Química Física e Matemática). A disciplina História da Ciência é ministrada no primeiro ano e está articulada com as disciplinas Química Geral, Física e Matemática, que também fazem uma abordagem histórica de cada ciência em diversos momentos.

As atividades desenvolvidas com os professores em formação são semelhantes àquelas do curso de Formação de Professores em Física do CEFET-SP. Não foi possível trabalhar com os livros paradidáticos acerca da História da Ciência, pois os alunos, recém-egressos do Ensino Médio, não tinham ainda o hábito da leitura, algo que foi acontecendo durante o curso. Também não foi possível um trabalho mais intenso de análise crítica de vídeos, já que a estrutura logística da instituição só permitia utilizar a sala de projeção uma vez por mês.

Uma atividade interessante desenvolvida com os alunos do ISE Oswaldo Cruz foi a leitura de um livro que tem se mostrado significativo para a compreensão do processo histórico da Ciência: *Grandes Debates da Ciência*,[171] que ressalta as contradições, as polêmicas e controvérsias que existem nesse processo, que não é linear e nem sempre "para a frente, para mais alto e para melhor". O primeiro capítulo do livro descreve com precisão o embate ideológico-científico entre Galileu e o Papa Urbano VIII. O terceiro capítulo analisa o debate ocorrido a respeito da primazia da invenção do cálculo, traçando um perfil dos dois pensadores, Newton e Leibniz, e dos contextos que envolveram esse episódio. Mais especificamente, o objetivo é de proporcionar, ao professor em formação, a reflexão sobre os acontecimentos que possibilitaram o avanço da Matemática, culminando com a síntese do cálculo, quer dizer, o que lera Newton? O que era prioridade em sua mente e que caminhos seguiu para chegar às suas descobertas?

Foram escolhidos cinco debates entre pensadores e a dinâmica de trabalho foi a seguinte: em cada debate, participaram dois grupos, cada um defendendo um dos contendores. Ao final, um debate geral com todos os alunos propiciou o entendimento de que os grandes pensadores não são desprovidos de violentas paixões e comportamentos emotivos, como qualquer dos mortais. Mais do que isso, fez compreender as contribuições que tais contendas trouxeram para o desenvolvimento da Ciência e como evoluem os conceitos

---

171 HELLMAN, Hal.

científicos e como acontecem as revoluções na forma de pensar das sociedades de cada época.

O trabalho foi produtivo, e os objetivos atingidos mostraram uma mudança de atitude dos alunos, ao longo do ano, com relação ao ensino de ciências. A análise dos Parâmetros Curriculares Nacionais para o Ensino Médio, para a compreensão das diferentes estratégias possíveis à inserção da História da Ciência na Educação Básica, ocorreu no segundo ano, quando lecionei a disciplina Organização da Escola: Estrutura e Funcionamento.

No próximo capítulo faremos uma análise das vozes dos alunos do Ensino Médio, do curso de Formação de Professores de Física do CEFET-SP e do ISE Oswaldo Cruz que responderam a um questionário no final de cada curso.

# V. O olhar dos alunos – Metamorfose

*... o jovem guerreiro fez prevalecer a legitimidade de seu nascimento e foi declarado rei do Egito.*

## 1. O olhar dos alunos do Ensino Médio

O olhar dos alunos do Ensino Médio possibilitou a avaliação do nosso trabalho no sentido de dar significado para o que ensinamos e aprendemos, para que as práticas coerentes sejam atualizadas e compartilhadas. Os depoimentos foram colhidos por um questionário no final do projeto. Selecionamos as respostas de quatro alunos para cada uma das seis questões (Anexo 1).

As duas primeiras questões são relativas ao modo de conceber Ciência, antes e depois do Projeto História da Ciência. Dizem os alunos:

- *Eu não tinha um conceito formado sobre Ciência. Após o projeto concebo a ciência como um dos modos pelo qual o homem busca conhecer a realidade através de experimentos. Não é apenas conhecimento científico, pois possui contexto sóciopolítico. (G.C.)*
- *No meu conceito anterior, a Ciência era todo conhecimento existente, com exceção das áreas teológicas e espirituais. Após o projeto, vejo a Ciência como um estudo sistemático que visa à compreensão das leis que regem todo o universo. (Y.M.I.)*
- *Anteriormente, para mim, a Ciência era algo associado a coisas ruins para a humanidade, como a bomba atômica e a poluição ambiental. Após o projeto, vejo a Ciência como o estudo que tenta encontrar explicações para os fenômenos que acontecem e, a partir deles, tenta desenvolver novas tecnologias (M.R.)*
- *Antes do projeto, eu tinha uma visão cartesiana da Ciência em função da fragmentação causada pelo seu ensino estritamente voltado para o vestibular. Após o projeto, vejo a Ciência como um estudo metódico dos fenômenos, que passa pelas etapas de observação, proposição de um modelo para a explicação de um fenômeno e o teste desse modelo. (O.Z.P.)*

É possível perceber nestes depoimentos um deslocamento dos conceitos associados à fragmentação da Ciência e ao senso comum, para conceitos articulados ao método científico, à produção de tecnologia e a compreensão humana acerca do Universo.

A terceira questão é relativa à contribuição do aprendizado da História da Ciência para uma melhor compreensão do processo de ciência construída historicamente.

- *Apesar de ter estudado história anteriormente, nunca havia me aprofundado no conhecimento científico de cada época. Isso me ajudou a compreender como a mentalidade do ser humano foi se transformando ao longo do tempo em função do desenvolvimento da Ciência.* (P.V.F.)
- *Percebi que, como a Ciência é influenciada pelo meio e pelo tempo, ela passa por mudanças nas quais predominam determinados paradigmas. Antes tínhamos o reducionismo, forma de pensar que fragmenta os objetos para estudá-los. Hoje, caminhamos para um paradigma que aborda os fenômenos no mundo de forma crítica e sistêmica. Então, a evolução científica não é linear, depende da época e das condições históricas.* (D.E.)
- *Os processos históricos relacionados com o avanço científico são fundamentais para a compreensão de como a Ciência é construída pelos homens, cujas ideias são influenciadas pelo tempo e espaço em que viveram. Esta relação possibilita um conhecimento mais amplo da construção científica ao longo da história.* (M.B.S.)

- *Através dos seminários foi possível analisar fatos científicos sob a ótica da história e entender as consequências dos períodos que causaram retrocessos e evolução. Conhecendo o desenvolvimento histórico da Ciência é possível entender a sua importância atual para a humanidade.* (D.V.F.)

Analisando as respostas dos alunos, percebemos a sua compreensão sobre a construção histórica da Ciência, as transformações em cada etapa histórica e a sua evolução não linear em função de cada época.

A quarta questão aborda a visão dos alunos a respeito dos cientistas, antes e depois do projeto.

- *Minha visão a respeito dos cientistas modificou-se, evoluiu. As pessoas têm a tendência de acreditar que os cientistas são seres superiores – quase mágicos – sendo levadas a elevá-los a "donos da verdade", uma verdade irrefutável e sublime. Contudo, pode-se perceber que não é bem assim: os cientistas são seres tão mortais quanto quaisquer outros e seu objeto de trabalho (a Ciência) é algo que evolui. Para tanto, não se pode deixar de questioná-la, pois, apenas dessa forma, não a deixaremos estagnada e passível ao retrocesso.* (J.S.)
- *Antes, tinha uma ideia sacralizada sobre os cientistas, própria do que chamamos de senso comum. Imaginava um cientista, vestido de branco, que não fazia outra coisa além de estudar. Um verdadeiro gênio que detinha todas as verdades e*

*nunca falhava. No entanto, após o início do projeto, percebi que os cientistas são pessoas normais que, como todo ser humano, também erra. Mas eles fazem algo que poucas pessoas fazem: aprender com os erros e tirar proveito deles. Algo que permaneceu em mim, foi a admiração pela vontade dos cientistas de querer saber e tentar explicar o mundo onde eles vivem, ajudando a humanidade em geral com suas descobertas. Todos nós somos um pouco cientistas ao tentarmos entender a nossa natureza. (C.C.)*

- *A minha visão sobre os cientistas mudou completamente após o projeto. Antes, eu pensava que para alguém se tornar cientista era necessário ter nascido superdotado e rico. Hoje, percebo que o estudo, o esforço e a dedicação, junto a um financiamento governamental ou da iniciativa privada, podem dar a todos a oportunidade de entrar no mundo da Ciência. Eu, em particular, seguirei a carreira científica. (A.S.C.)*

- *Antes, eu considerava o cientista como um louco que misturava substâncias estranhas, ou seja, uma visão discriminadora. Por meio do projeto percebi que o cientista é alguém com um forte senso crítico e que busca soluções para problemas cotidianos que são enfrentados pelos seres humanos. (K.H.)*

Mais uma vez é possível perceber que o Projeto História da Ciência possibilita o deslocamento de visões tradicionais do senso comum para outras mais críticas e condizentes com os alunos pensantes, já mais distantes do pensamento fragmentado. Perceberam os alunos que os cientistas não fazem Ciência sem um comprometimento com o cotidiano da sociedade. *Penso que a Ciência pela Ciência é uma ilusão dos cientistas que se fecham em seus laboratórios ou mundos mentais. Querendo ou não, o conhecimento que produzimos poderá sempre ser usado por alguém.*[172]

Chegamos à quinta questão, que analisa a compreensão dos conteúdos de outras disciplinas pelo do estudo de História da Ciência.

- *O estudo da História da Ciência foi muito importante para a compreensão de vários temas de outras disciplinas. Em particular, a contribuição maior foi na disciplina de Sociologia, pois aprendemos no projeto a utilizar os meios de comunicação, tais como os seminários, a elaboração de textos e análise crítica de vídeos.* (M.B.S.)
- *Percebi que o pensamento científico é interligado. Na disciplina de Física, quando fizemos o trabalho experimental sobre o telefone, já conhecíamos a sua história, que foi trabalhada no projeto na parte destinada á ciência brasileira.* (T.A.D.)
- *O projeto foi muito importante para a compreensão de alguns temas de Química e Física. Agora posso entender como os cientistas trabalharam para chegar a formulações de determinadas leis.*

---

172 Rubem Alves. **Conversas com quem gosta de ensinar**, p. 97.

*Cito como exemplo as reações químicas e as leis da eletrodinâmica. Ficaram mais claras para mim as etapas da construção de modelos e experimentações, facilitando a compreensão dos fenômenos.* (O.Z.P.)

- *O projeto me proporcionou maior autonomia, pois estava mais independente, já que o professor me incentivava a pesquisar. Estudar História da Ciência foi muito importante para compreender diversos conteúdos de História, Geografia, Literatura, Biologia e Filosofia. Ao longo do ano, o projeto propunha o estudo de vários assuntos sobre diversas épocas, como a Antiguidade (os gregos, por exemplo), Brasil etc. No último bimestre, na disciplina de História, estudamos o Brasil, e o conhecimento prévio do desenvolvimento da ciência brasileira possibilitou entender melhor o contexto social de várias épocas.* (R.S.C.)

É possível perceber, pelas respostas, que os alunos passaram a ter uma melhor compreensão das articulações entre as várias áreas do conhecimento, bem como a noção de contexto social de cada época. A Ciência também pode interpretar a realidade com os dois olhos de Hórus.

A última questão refere-se à importância do estudo da história dos principais cientistas brasileiros.

- *Para mim, foi a melhor parte do projeto. Os cientistas estrangeiros são sempre supervalorizados. Há uma carência muito grande quando se trata de divulgar a produção científica dos brasileiros. É muito importante conhecer as suas realizações, principalmente a sua repercussão internacional.* (A.S.C.)
- *Foi fundamental para nos conscientizarmos de que o nosso país já produziu brilhantes cientistas e que não são devidamente valorizados. O Brasil tem potencial e qualidade para o trabalho de grandes pensadores, porém nem sempre há o investimento necessário para as suas pesquisas, obrigando-os a procurar outros países para desenvolver o seu trabalho científico.* (D.E.)
- *Foi muito importante, pois geralmente nos focamos nos grandes cientistas como Galileu, Newton, Einstein e outros, esquecendo de valorizar os nossos compatriotas cientistas, como Santos Dumont, José Bonifácio, Carlos Chagas, César Lattes etc. É encorajador saber que, apesar das dificuldades, eles conseguiram vencer, mesmo tendo que sair do país.* (M.B.S.)
- *Eu descobri que o nosso país é também a terra de grandes cientistas e que nada devem para cientistas estrangeiros. Temos um grande potencial intelectual e que pode ser mais bem explorado, possibilitando a nossa emancipação científica, tecnológica e social. Quando se investe em educação*

*e Ciência, a sociedade adquire capacidade de questionar e evoluir.* (L.F.M.)

Podemos ver que a descoberta do trabalho dos cientistas brasileiros causou um impacto positivo nos alunos. Quando se depararam com a grande produção científica de José Bonifácio e souberam que a sua atuação como estadista ocorreu apenas no final da sua vida, entenderam as falhas gritantes no ensino da História do Brasil, pois poucos livros didáticos e professores se preocupam com a vida científica do "patriarca da independência".

Em uma postura interdisciplinar, procuro ser um provocador de dúvidas, reflexões e questionamentos. A minha interferência na construção do saber ocorre apenas para redirecionar os alunos, nos momentos de angústia e incertezas, no caminho escolhido para a aprendizagem de determinados assuntos.

O exercício da interdisciplinaridade é uma conquista que amplia os horizontes, rompe com a acomodação e propicia atitudes integradas, contrárias à fragmentação do conhecimento, valorizado no processo disciplinar que os educadores tradicionais teimam em seguir.

*O voo diário do falcão assemelha-se ao caminho percorrido pelo Sol, que de sua posição compartilha sua luz e calor com todos. O modo de ver de Hórus, integral, é o próprio olhar interdisciplinar.*

Assim, minha trajetória como professor interdisciplinar de História da Ciência no Ensino Médio possibilitou as parcerias com os professores de Biologia, Química, Física, História e Filosofia, no sentido de levar para a sala de aula uma visão mais abrangente do desenvolvimento do pensamento científico. A parceria, a interdependência e a convergência tornam-se, assim, ferramentas indispensáveis para quem deseja realmente ser interdisciplinar, transformar-se pelo compartilhamento do conhecimento.

O processo interdisciplinar contextualizado abriu as portas para que os alunos reconhecessem o sentido histórico da Ciência e da tecnologia e percebessem as suas influências na vida. Possibilitou, ainda, a compreensão das ciências como construções humanas e que se desenvolveram por acumulação, continuidade ou ruptura de paradigmas. Por fim, passaram a entender o impacto das tecnologias associadas às Ciências da Natureza, na vida pessoal, no processo de produção, no desenvolvimento do conhecimento e na vida social.

A soma desses fatores confirma que a disciplina História da Ciência pode atender aos Parâmetros Curriculares Nacionais para o Ensino Médio, em termos de contextualização sociocultural para a área de Ciências da Natureza, Matemática e suas tecnologias.

A História da Ciência pode ser uma possibilidade, em um futuro não muito distante, para o ensino das ciências em um espaço interdisciplinar, por ser um todo orgânico, vivo, em processo, porque a História não para e somos seus protagonistas, fazemos parte desse movimento.

## 2. O olhar dos futuros professores

O trabalho desenvolvido com os alunos do curso de Formação de Professores de Física do CEFET-SP e do ISE Oswaldo Cruz foi avaliado de forma semelhante à utilizada com os alunos do Ensino Médio. Os depoimentos foram colhidos por meio de um questionário no final do semestre. Selecionamos as respostas de quatro alunos para cada uma das sete questões (Anexo 2).

A primeira questão diz respeito à contribuição da História da Ciência para melhor compreensão do processo de construção histórica da Ciência. Dizem os professores em formação:

- *Com esta disciplina, foi possível entender que o desenvolvimento da Ciência está associado a vários fatores, como o contexto político, os interesses econômicos e sociais de cada época. Entendo que a História da Ciência deveria ser ensinada desde o Ensino Fundamental para desenvolver nos alunos o senso crítico, através de questionamentos, afim de que a Ciência e a tecnologia deixem de privilegiar os interesses das grandes corporações e propiciem o surgimento de tecnologias que não causem impacto negativo ao meio ambiente. (R.P.S.)*

- *O estudo da História da Ciência mostrou que o conhecimento científico não é imutável, em que conceitos tidos como verdades absolutas passaram a não mais servir à Ciência em determinado momento histórico e que as grandes descobertas científicas foram realizadas por homens e mulheres que tentaram compreender melhor os fenômenos da natureza. No entanto, alguns pensadores tornaram a Ciência cartesiana e mecanicista, na qual tudo poderia ser explicado por partes, interpretando a natureza de forma limitada. No decorrer do curso aprendemos que esta forma de interpretação está superada e que o conhecimento e as ciências devem ocorrer de forma global. (T.A.F.V.)*
- *Com a História da Ciência aprendemos que o desenvolvimento científico pode sofrer limitações, dependendo do contexto histórico, de acordo com interesses políticos, religiosos e até pessoais. Anteriormente, eu tinha a nítida ideia equivocada que esse desenvolvimento era linear. Agora ficou mais fácil perceber que esse processo ocorre de forma não linear dentro de um contexto histórico-social na qual a Ciência está inserida em cada época. (L.C.G.)*
- *Antes do contato com a História da Ciência, eu não conseguia relacionar os fatos históricos com as descobertas científicas. Ao estudar as produções científicas e suas metodologias, no contexto social do momento histórico, percebi a importância dos*

*pressupostos e motivações que levam ao desenvolvimento da Ciência, porque o conhecimento humano ocorre de forma gradativa, respondendo a questões que intrigam o ser humano.* (J.S.G.)

Analisando as respostas dos professores em formação percebemos a sua compreensão sobre a construção histórica da Ciência relacionada ao contexto histórico-social de cada etapa do desenvolvimento científico, bem como os interesses políticos, econômicos e religiosos envolvidos no processo. Ficou claro para eles, também, que o desenvolvimento da Ciência não ocorre de forma linear.

A segunda questão remete-se à visão dos professores em formação sobre os cientistas, antes e depois de estudar História da Ciência.

- *A minha visão sobre os cientistas mudou após estudar História da Ciência. A sociedade, de modo geral, difunde a ideia de que cientistas são aqueles seres retratados nos desenhos animados, completamente loucos, de jaleco branco e com alguns "parafusos a menos", realizando experimentos inúteis, ou o que é pior, fazendo coisas prejudiciais, inventando bombas e outros artefatos destrutivos. Não se mostra a realidade, porque, com certeza, não convém que as pessoas saibam e que tenham interesse pela ciência. É mais fácil governar pessoas "ignorantes", pois estas não fazem questionamentos indesejados.* (L.S.G.)

- *Antes de estudar História da Ciência, achava os cientistas pessoas com inteligência superior. Hoje sei que o cientista é um profissional que se especializou em uma determinada área do conhecimento e que pode, de alguma forma, contribuir para melhorar a vida das pessoas através de suas pesquisas.* (T.A.F.V.)
- *Percebi que sem conhecer a História da Ciência não é possível construir uma visão concreta sobre os cientistas, pois não temos uma base teórica de todo processo de desenvolvimento científico. Agora é mais fácil elaborar um conceito sobre eles e entendi que eles não são gênios, e sim pessoas que são influenciadas pelo contexto histórico da época em viveram, contribuindo para melhorar as condições de vida da sociedade.* (J.C.M.P.)
- *Após estudar História da Ciência, passei a ver os cientistas como agentes históricos do desenvolvimento científico e não como gênios, isolados da sociedade.* (F.A.O.)

Do mesmo modo como ocorreu com os alunos do Projeto História da Ciência no Ensino Médio, houve um deslocamento de visões tradicionais do senso comum para outras mais críticas sobre a visão dos cientistas que, segundo eles, não são gênios, e sim pesquisadores que participam do desenvolvimento de uma sociedade, em determinada época, por meio da Ciência.

As duas próximas questões dizem respeito ao modo de conceber Ciência, antes e depois de cursar a disciplina História da Ciência. Dizem os professores em formação:

- *Anteriormente, o meu conceito era de que a Ciência se constituía em um campo especial, privilégio de poucos e que o cientista pertencia a um mundo irreal. Agora tenho a Ciência como uma construção do conhecimento humano e que está inserida em um contexto social, razão pela qual não é possível dissociar a evolução científica do momento histórico em que ela acontece.* (D.G.S.)
- *Anteriormente, eu acreditava que Ciência era privilégio de poucos "sábios" que possuíam esse conhecimento sem qualquer tipo de esforço. Como se fosse algo mágico, um conhecimento que a pessoa já trazia dentro de si. Após cursar a disciplina História da Ciência, vejo a Ciência como o estudo dos fenômenos da Natureza, através da observação e da experimentação; é todo o conhecimento adquirido pela indagação do Homem ao interpretar tais fenômenos.* (L.G.C.)
- *Sempre tive a Ciência como algo muito distante, coisa de loucos. Não fazia nenhum sentido para mim. Agora tenho a Ciência como algo em expansão, algo que se desenvolve através dos tempos e por meio de muitas pessoas, um campo de estudos fundamental para o desenvolvimento em muitas áreas, como, por exemplo, a tecnologia.* (P.F.S.)
- *Anteriormente, eu não tinha conceito formado, pois os professores do Ensino Médio mal comentavam*

*a importância e a aplicação da ciência no cotidiano. Agora a Ciência é algo muito mais ligado à tecnologia, ou seja, uma ferramenta de aplicação do conhecimento científico.* (I.A.C.)

Estes depoimentos revelam algo que, infelizmente, é comum no ensino das ciências no Ensino Médio: não há contextualização. Então, para eles, a Ciência era algo que fazia parte de um mundo irreal, privilégio de poucos sábios etc. O estudo da História da Ciência possibilitou o deslocamento dessa visão para uma articulação com a tecnologia, estudo dos fenômenos da natureza por meio de experimentação e construção histórica. Após a leitura dos questionários, promovi um debate em função dos conceitos de Ciência apontados por dois autores:

Ciência é a modalidade de saber constituído por um conjunto de aquisições intelectuais que tem por finalidade propor uma explicação racional e objetiva da realidade. Mais precisamente ainda: é a forma de conhecimento que não somente pretende apropriar-se do real para explicá-lo de modo racional, mas procura estabelecer, entre os fenômenos observados, relações universais e necessárias, o que autoriza a previsão de resultados cujas causas podem ser detectadas mediante procedimentos de controle experimental.[173]

---

173 Hilton Japiassu; Danilo Marcondes. **Dicionário Básico de Filosofia**, p. 76.

Ciência é um conjunto organizado de conhecimentos relativos a determinado objeto, especialmente os obtidos mediante a observação, a experiência dos fatos e um método próprio.[174]

Foi um momento importante para que os professores em formação desenvolvessem seu próprio conceito construído em função de uma fundamentação teórica e possam, em um futuro não muito distante, discutir e debater de forma contextualizada com os seus alunos o que é Ciência. No início de cada curso o aluno responde qual o seu conceito sobre Ciência. Após o debate, devolvi estas respostas para que cada um pudesse comparar o seu conceito antes e depois de estudar História da Ciência. Para a maioria é um choque, pois percebem que, mesmo tendo contato com a Ciência desde tenra idade, não haviam construído um conceito como o que agora construíram.

A quinta questão analisa a compreensão dos conteúdos de outras disciplinas através do estudo de História da Ciência.

- *O estudo da História da Ciência facilitou o aprendizado de Matemática, Física e Química. Quando os conteúdos destas disciplinas eram apresentados, percebi a importância dos pensadores que desenvolveram os conceitos científicos no momento histórico, além de entender que não existiam apenas*

---

174 Aurélio Buarque de Holanda. **Novo Dicionário Aurélio da Língua Portuguesa**, p. 145.

*matemáticos, físicos e químicos. Existiam grandes pensadores que estavam envolvidos em diversas áreas do conhecimento. Os professores destas disciplinas, sempre que possível, faziam comentários sobre o contexto histórico em consonância com as orientações do professor Diamantino. (L.S.G.)*

- *O estudo da História da Ciência contribuiu para uma melhor compreensão das disciplinas Estrutura da Matéria, Física Atômica e Molecular, no sentido de entender o momento histórico em que a Física deu um salto do tradicional, do macrocosmo, para o estudo da estrutura íntima da matéria, o microcosmo, influenciando todas as áreas do conhecimento humano. (L.P.I.)*

- *Com a História da Ciência ficou mais fácil aprender Química, Física e Matemática, pois entendi que o desenvolvimento destas áreas do conhecimento não ocorreu da noite para o dia, e sim, por uma construção ao longo do tempo. Essa evolução nos ajuda a compreender também que o conhecimento não é limitado, que ele vai se modificando ao longo dos tempos. Percebi ainda a importância de estudar essas disciplinas de uma forma articulada, não fragmentada, interdisciplinarmente. (D.L.S.)*

- *Ficou mais fácil compreender os conceitos da Química, e da Física, porque, conhecendo melhor como os experimentos e as leis foram elaborados e os graus de dificuldade que os cientistas passaram, os conteúdos destas disciplinas ficaram mais claros.*

*Além do que, aprendi que as aulas são apenas o início do aprendizado e que a pesquisa bibliográfica pode trazer maior profundidade sobre os conteúdos aprendidos.* (P.F.R.)

É possível perceber, pelos depoimentos, que os alunos passaram a ter uma melhor compreensão das articulações entre as várias áreas do conhecimento, bem como a noção de contexto social de cada época.

A próxima questão refere-se aos pontos positivos do estudo da História da Ciência.

- *As aulas de História da Ciência despertaram em mim um instinto mais investigador, na vontade de ler e compreender mais sobre ciência e os assuntos que a rodeiam, não me satisfazendo apenas com a teoria apresentada. Os debates e seminários foram muito ricos, pois todos os envolvidos pesquisavam sobre o assunto abordado, davam suas opiniões e ouviam a dos outros, formando e reformulando assim um ponto de vista crítico. As produções textuais me fizeram refletir melhor sobre como abordar em sala de aula certos assuntos e sua importância.* (J.C.S.M.)

- *Um dos pontos positivos foi compreender que a Ciência faz parte da história não está dissociada do contexto social da humanidade. Foi importante também a busca de referências bibliográficas e a leitura de várias obras referidas no plano de ensino, propiciando-me alternativas para as minhas aulas* com alunos do Ensino Médio, para que o ensino das ciências faça sentido dentro de um contexto histórico. (D.G.S.)

- *O estudo da Historia da Ciência é positivo, pois ele nos abre um leque de opções interessantíssimo para compreender e ensinar ciências. Foi de grande valia poder discutir assuntos diversos com relação à Ciência, porque a história também é o agora. O que mais me deixava feliz nas aulas era poder discutir temas atuais articulados com o passado. Discutir assuntos às vezes polêmicos faz sentido se estamos em busca de trabalhar o conhecimento e se queremos mudar a mentalidade de um senso comum. A compreensão de fatos científicos passados nos ajuda a entender o estado atual da sociedade científica, não deixando de lado o histórico evolutivo da mesma. (D.L.S.)*

- *Foi positivo, porque nos esclarece e nos faz pensar, "caminhar com nossas próprias pernas", e entender que Ciência não é algo mágico e inatingível. É real, está presente em nosso cotidiano a todo o momento, só que muitas vezes não é entendida como deveria ser. É bom saber que podemos ser atuantes e não apenas expectadores de tudo o que acontece. Que podemos dar nossa contribuição, estudando, pesquisando e divulgando, para os nossos futuros alunos, que o estudo da Ciência pode ser algo prazeroso. Foram muitas as contribuições dessa disciplina; a maneira de como vejo o mundo, a vida e a própria Ciência são muito diferentes agora para mim. Aprendi a contextualizar e ver sempre a interdependência entre as várias áreas do conhecimento.* (P.F.R.)

Os relatos apontam para a conscientização dos estudantes sobre a importância da pesquisa, a contextualização histórica das ciências e as possibilidades da História da Ciência como instrumento pedagógico para o seu futuro trabalho em sala de aula. Além disso, perceberam a importância das leituras e da pesquisa.

Da mesma forma como fizemos com os alunos do Ensino Médio, perguntamos sobre a importância do estudo da história dos principais cientistas brasileiros.

- *É muito importante saber que existiram e existem brasileiros que contribuíram de alguma forma para construção da Ciência, isso nos traz muita satisfação e muita vontade de fazer parte dessa história. (T.A.F.V.)*
- *Estudar os cientistas brasileiros possibilitou que eu conhecesse um pouco melhor alguns momentos históricos da nossa história, além de desconstruir a ideia preestabelecida sobre a falta de produção científica brasileira, mesmo com todas as dificuldades passadas pelos pesquisadores.* (L.P.D.)
- *Conhecer a história dos cientistas brasileiros, principalmente a dos sanitaristas que contribuíram para melhorar a saúde pública, foi muito importante no sentido de valorizar nossa cultura.* (L.P.D.)

- *Foi uma experiência fascinante ter conhecido a história dos principais cientistas brasileiros, saber que temos grandes pensadores na nossa ciência. Infelizmente o ensino de História e das ciências, na maioria das escolas, não dá a devida importância a esse tema, não divulga como foi maravilhoso o trabalho desses importantes cientistas.* (R.A.S.)

A importância do estudo sobre os cientistas brasileiros pelos professores em formação nos remete à necessidade premente de um ensino mais articulado das disciplinas do Ensino Médio. Como desenvolver uma consciência crítica, formar cidadãos, se o desconhecimento a respeito da produção científica nacional não é nem sequer estudada?

A última questão aborda o deslocamento do ensino tradicional, em relação ao conhecimento, na qual o professor é o transmissor e o aluno o receptor, para o processo de construção desse conhecimento.

- *No processo desenvolvido na disciplina História da Ciência, compreendi a importância do processo de troca de informações na aprendizagem, onde o professor deixa de ser o detentor absoluto do conhecimento e senhor da razão e fica mais próximo de seus alunos. Um processo em que não existe uma verdade absoluta e inquestionável. O aluno interage com o professor, que tem o papel de facilitador do ensino, aprendendo também com seus alunos e tornando o processo mais produtivo no sentido da assimilação dos conteúdos.* (D.L.S.)

- *Eu nunca me senti à vontade com a forma tradicional de ensino que contribui para a alienação coletiva da sociedade. Nesse sistema arcaico, o pensamento crítico do aluno é completamente dispensável, pois o professor tem sempre razão. Basta decorar o que ele tem para transmitir. É um ótimo processo para conter a criatividade do ser humano e transformá-lo em uma máquina inconsciente de repetição de conceitos preestabelecidos nos livros didáticos. O curso de História da Ciência foi muito importante, pois mostrou outra forma de ensinar e aprender e tive a oportunidade de criar, construir e perceber que sou capaz de pesquisar e expressar opiniões próprias sobre determinados temas.* (R.F.S.)
- *O curso de História da Ciência foi uma experiência interessante, pois, de certa forma, adquiri autonomia na busca do conhecimento, enquanto o ensino tradicional desestimula esse tipo de exercício. Ficamos quietos, passivos, recebendo o conhecimento já pronto e acabado e, em seguida, fazemos uma prova para devolver tudo ao professor. Esquecemos quase tudo, já que a vontade de aprender não é despertada.* (D.G.S.)
- *O conhecimento não é uma onda de televisão ou rádio que precisa ser transmitido ou recebido por alguém. O conhecimento é algo a ser construído pelo aluno e cabe ao professor tornar suas aulas mais interessantes, mediando situações-problema, em que o aluno deve pesquisar, pensar e debater*

*sobre determinados temas. O educador deve motivar a aprendizagem dos alunos para que eles aprendam e construam suas próprias opiniões e conceitos de forma global e não mecânica, como no ensino tradicional.* (P.F.R.)

Os relatos indicam que os professores em formação almejam um ensino diferente do tradicional, onde é possível construir o conhecimento de forma compartilhada com os alunos, por meio de pesquisa, debates, com autonomia de pensamento, distanciando-se do ensino tradicional propedêutico que visa apenas bons resultados nos vestibulares.

> Até as pré-escolas "preparam" as crianças para os "vestibulinhos". A gravidade desse quadro é muito preocupante. O desenvolvimento do intelecto, hoje privilegiado em nossas escolas, em detrimento de uma linha aqui sustentada, leva as crianças a desenvolver uma consciência de que "sabem as coisas", à semelhança de seus professores, ao contrário da desejável percepção de que "sabem o que não sabem".[175]

Para mudar este estado de coisas, é necessário formar educadores de uma forma diferente do que temos ainda hoje, distantes do compromisso com uma educação voltada para a formação de cidadãos mais conscientes e com uma visão global do conhecimento.

---

175 Ruy Cezar do Espírito Santo. **O Renascimento do Sagrado na Educação**, p. 76.

> Não se trata de formar o educador, como se ele não existisse. Como se houvesse escolas capazes de gerá-lo, ou programas que pudessem trazê-lo à luz. Eucaliptos não se transformarão em jequitibás, a menos que em cada eucalipto haja um jequitibá adormecido. O que está em jogo não é uma técnica, um currículo... Nenhuma instituição gera aqueles que tocarão as trombetas para que seus muros caiam.[176]

No processo de formação de educadores, é preciso mostrar a possibilidade do autoconhecimento, que é a percepção do mistério de nós mesmos contido nas palavras de Sócrates quando dizia que "o sábio é aquele que sabe que nada sabe". O educador deve compartilhar com os professores em formação o seu *errar*, para que eles saibam que sem o erro não ocorre a aprendizagem.

> Consciente de sua própria ignorância, o educador se tornará o *eterno aprendiz* ou, em outras palavras, iniciará a jornada para a busca do saber. O contrário disso leva à conhecida postura da arrogância, autoritarismo e autossuficiência tão comum em nossas escolas. O educador que passa a se ver como *eterno aprendiz* estabelecerá novas relações na sala de aula, despertando os educandos para a busca de um aprendizado comum, no sentido de que somos todos aprendizes.[177]

---

176 Rubem Alves. **Conversas com quem gosta de ensinar**, p. 26.
177 Ruy Cezar do Espírito Santo. **Desafios na formação do educador**, p. 137.

Para aprender, é necessário *nascer de novo* a cada dia, é um

> *Mergulho profundo*
> *Encontro consigo mesmo*
> *Uma face nova*
> *Desconhecida*
> *Luminosa.*[178]

A minha vivência como professor-sacerdote é compartilhada com meus alunos no sentido de que eles possam, dentro das suas possibilidades, vislumbrar esse caminho que pode conduzir ao autoconhecimento. Também a minha experiência com alunos do Ensino Médio no projeto História da Ciência é compartilhada com eles para que sintam que os alunos pensantes também têm sucesso nos exames vestibulares.

---

178 Ruy Cezar do Espírito Santo. **Histórias que educam**, p. 60.

# VI. Os olhos de Hórus – Transcendência

O Falcão Divino completou o seu voo panorâmico, olhando com os dois olhos a minha vivência como professor interdisciplinar de História da Ciência. Rubem Alves[179] cita o místico Ângelus Silesius que falava do sagrado por meio de poesia.

> *Temos dois olhos.*
> *Com um contemplamos as coisas do tempo,*
> *efêmeras, que desaparecem.*
> *Com o outro contemplamos as coisas da alma,*
> *Eternas, que permanecem.*

O olho direito, concreto, faz-nos ver o mundo lá de fora, onde estão os eventos que ocorrem no tempo. Com o olho esquerdo, abstrato, vislumbramos outro mundo, o mundo da eternidade, onde o que foi vivenciado não morre, apenas adormece, espera. É também com este olho que fazemos o olhar que acolhe os alunos

---

179 Rubem Alves. **Um céu numa flor silvestre:** a beleza em todas as coisas, p. 135.

em suas angústias e incertezas ante a um mundo novo para eles, já distante da fragmentação do conhecimento, pois tudo o que é novo assusta. Com raras exceções, trazem uma formação tradicional e, ao entrar em contato com a História da Ciência e com o professor-sacerdote, sentem que muitas serão as dificuldades nesta outra forma de aprender e ensinar.

> *Olhar profundamente*
> *No mais dentro dos olhos*
> *Perceber o invisível*
> *Que é expresso*
>
> *Saber do acolhimento*
> *Da busca*
> *Do encontro profundo*
> *Além do tempo...*
> *Os olhos nos dizem do Agora*
> *Nos trazem ao presente*
> *Nos situam na relação*
> *Na relação compassiva*
>
> *Buscar o outro*
> *É buscar seu olhar*
> *É descobrir a luz*
> *É deixá-la iluminar...*
>
> *Acender a luz*
> *É olhar e deixar-se ver...*
> *Intensamente.*[180]

---

180 Ruy Cezar do Espírito Santo. **Histórias que educam**, p. 34.

Esse é o tempo da espera, da maturação, do crescimento. *Na educação, esperar é uma constante. O professor sabe que o aluno precisa de tempo, tempo de espera/amadurecimento para introjetar conhecimentos, torná-los seus.*[181]

Durante a espera, os alunos foram percebendo que o ensino voltado para a transmissão de informações e que visam aos bons resultados nos vestibulares encontra-se distanciado de uma formação completa, holística, interdisciplinar que possibilita uma preparação para o acompanhamento das rápidas transformações da ciência, da tecnologia, da educação e da sociedade em geral.

Esse distanciamento teve sua origem na Revolução Científica, que desencadeou um trauma quando, na separação da Ciência e da religião, a natureza passou a ser controlada. Esse controle fundou-se na separação epistemológica do sujeito e do objeto. Em função desse dualismo, ficou como que estabelecido que as leis da Física e os sistemas sociais só poderiam ser revelados objetivamente por pesquisadores isolados das percepções humanas, sem conexão com o ato de perceber, ou seja, o olho direito de Hórus. *Com o vácuo deixado pela perda da fé religiosa, a racionalidade foi deificada, e, em todo panteão científico, o credo modernista foi desenvolvido: o mundo é racional (logocêntrico) e existe somente um sentido para ele.*[182]

---

181 Fábio Cascino. Espera. **Dicionário em construção:** interdisciplinaridade, p. 144.

182 Joe L. Kincheloe. **A formação do professor como compromisso político:** mapeando o pós-moderno, p. 17.

Essa epistemologia da verdade única afetou todos os aspectos da vida ocidental, todas as instituições. A educação não foi exceção. Para os cientistas do final do século XIX, o conhecimento científico havia encerrado suas atividades. Tudo estava pronto e acabado. A educação fundamentou-se, nesse tempo todo, no modelo tecnicista, no qual tudo funcionava com a previsibilidade de um relógio. O olho esquerdo de Hórus, até então fechado, começou a ser aberto pela Física Moderna com as pesquisas de Einstein, Bohr, Heinsenberg, de Broglie e Born, que recusaram tais padrões. Ficou demonstrado que o modelo tecnicista era apenas fruto do desejo humano de controle e previsibilidade sobre a natureza, e não a sua característica. Refletia apenas uma ideia pessoal de mundo. Assim, também os velhos padrões educacionais começaram a se desintegrar na mente de alguns educadores a partir da metade do século XX.

Capra[183] argumenta que essa visão, sustentada pelo velho paradigma, dá lugar no novo paradigma à visão holística do mundo e o concebe como um todo interligado, interconexo, e não como uma coleção de partes dissociadas. Vivemos, atualmente, um estado de transição entre a antiga realidade e o novo paradigma, a nova realidade em construção, a educação pós-moderna – interdisciplinar e abrangente – que desempenha um papel primordial, pois é basicamente formadora de caráter. Na educação, o fenômeno da interdisciplinaridade fortalece-se como um instrumento de resgate do ser humano com a síntese. As práticas

---

183 Fritjof Capra. **O ponto de mutação**, p. 133.

pedagógicas interdisciplinares levam à superação das limitações impostas pelo conhecimento fragmentado e compartimentado e vão criando rupturas com o velho paradigma da ciência modernista.

São essas práticas pedagógicas que utilizei para modificar a visão de Ciência com os meus alunos do Ensino Médio e que constituem condição primordial para a formação holística de professores de ciências compromissados com novos caminhos da educação. Os desafios estão sempre presentes para aqueles professores que optam por esses caminhos, pela ruptura com o velho paradigma. Vivenciar os novos paradigmas da ciência e da educação significa um constante desconstruir e construir para não fragmentar novamente o todo, para não romper a teia do conhecimento e da vida.

A História da Ciência pode ser um instrumento precioso nesse processo, pois possibilita o olhar de que as teorias científicas não podem oferecer uma descrição completa e definitiva da realidade. Será sempre uma aproximação da verdadeira natureza das coisas. Ser professor de História da Ciência para os alunos do Ensino Médio e futuros professores tem propiciado um amadurecimento profundo de minhas concepções pessoais e profissionais. Os dois olhos de Hórus possibilitaram uma mutação alquímica: a conquista da minha pedra filosofal, capaz de transformar o adepto em iniciado, o professor-sacerdote.

Nada é definitivo!

E a história continua!

# ANEXOS

Figura 7: O voo do falcão

# Anexo 1

## HISTÓRIA DA CIÊNCIA – QUESTIONÁRIO DE AVALIAÇÃO (ENSINO MÉDIO)

**Turma:** _____**Aluno:** _____

**01.** Qual o seu conceito sobre ciência após cursar a disciplina História da Ciência?

**02.** Qual o seu conceito anterior sobre Ciência?

**03.** Para você, a disciplina História da Ciência contribuiu para melhor compreensão do processo de como a ciência é construída historicamente? Explique.

**04.** Sua visão a respeito dos cientistas é a mesma que tinha anteriormente?

Sim ( )     Não ( )

Por quê?

**05.** O estudo de História da Ciência facilitou o estudo e a compreensão dos conteúdos de outras disciplinas?

Sim ( )     Não ( )

Quais?

Por quê?

**06.** Que importância teve para você estudar a história dos principais cientistas brasileiros?

# Anexo 2

## HISTÓRIA DA CIÊNCIA – QUESTIONÁRIO DE AVALIAÇÃO (CURSOS DE FORMAÇÃO DE PROFESSORES)

**Turma: _____Aluno: _____**

01. Para você, a disciplina História da Ciência contribuiu para melhor compreensão do processo de como a Ciência é construída historicamente? Explique.

02. Sua visão a respeito dos cientistas é a mesma que tinha anteriormente?

Sim ( )    Não ( )

Por quê?

03. Qual é o seu conceito sobre Ciência após cursar a disciplina História da Ciência?

04. Qual é o seu conceito anterior sobre Ciência?

05. O estudo de História da Ciência facilitou o estudo e a compreensão dos conteúdos de outras disciplinas?

Sim ( )    Não ( )

Quais?

Por quê?

06. Quais são os pontos positivos do estudo da História da Ciência?

07. Que importância teve para você estudar a história dos principais cientistas brasileiros?

08. Qual é a sua opinião acerca do deslocamento do ensino tradicional, em relação ao conhecimento, na qual o professor é o transmissor e o aluno o receptor, para o processo de construção desse conhecimento que foi vivenciado?

# Anexo 3

## RELAÇÃO DE ARTIGOS, LIVROS E TRABALHOS APRESENTADOS POR DIAMANTINO FERNANDES TRINDADE E RICARDO PLAZA TEIXEIRA SOBRE HISTÓRIA DA CIÊNCIA

### Artigos publicados em revistas

❖ *Uma análise do filme O Nome da Rosa sob a ótica da História da Ciência* (Ricardo Plaza Teixeira) na Revista Transfazer – Estudos Interdisciplinares.

❖ *Análise das conclusões do livro A origem das espécies de Charles Darwin* (Ricardo Plaza Teixeira) na Revista Científica da FAMEC.

❖ *Breve análise da obra "Os Sonâmbulos" e de sua importância para a História da Ciência* (Ricardo Plaza Teixeira e Fernando Barbosa Ferreira) na Revista Sinergia.

❖ *O valor da Ciência de Poincaré, cem anos depois de sua publicação* (Ricardo Roberto Plaza Teixeira e Alessandra Cristiane Matias) na Revista Sinergia.

❖ *Reflexões sobre a disciplina-projeto Ciência, História e Cultura:* proposta para turmas do Ensino Médio do IFSP (Ricardo Roberto Plaza Teixeira e Fausto Henrique Gomes Nogueira) na Revista Sinergia.

❖ *Os caminhos da ciência brasileira:* da Colônia até Santos Dumont (Diamantino Fernandes Trindade e Lais dos Santos Pinto Trindade) na Revista Sinergia.

❖ *Os caminhos da ciência brasileira: os sanitaristas* (Diamantino Fernandes Trindade e Lais dos Santos Pinto Trindade) na Revista Sinergia.

❖ *Alberto Santos Dumont pelos céus de Paris* (Diamantino Fernandes Trindade) no Jornal Nova Era Maçônica.

❖ *Química e Alquimia* (Diamantino Fernandes Trindade e Lais dos Santos Pinto Trindade) na Revista Sinergia.

❖ *As telecomunicações no Brasil:* de D. Pedro II até o Regime Militar (Diamantino Fernandes Trindade e Lais dos Santos Pinto Trindade) na Revista Sinergia.

❖ *A interface ciência e educação e o papel da História da Ciência para a compreensão do significado dos saberes escolares* (Diamantino Fernandes Trindade) na Revista Iberoamericana de Educación.

❖ *A Ciência criando interfaces com o mito e a religião* (Diamantino Fernandes Trindade) na Revista Sinergia.

❖ *A interface Ciência e Educação* (Diamantino Fernandes Trindade) na Revista Planeta Educação).

❖ *A interface ciência e educação e o papel da História da Ciência para a compreensão do significado dos saberes escolares* (Diamantino Fernandes Trindade) na Revista Educação: temas e problemas do Centro de Investigação em Educação e Psicologia da Universidade de Évora (Portugal).

❖ *Memória sobre o ensino da História da Ciência no IFSP* (Diamantino Fernandes Trindade) na Revista Sinergia.

❖ *História da ciência: uma possibilidade interdisciplinar para o ensino de ciências no Ensino Médio e nos cursos de formação de professores de ciências* (Diamantino Fernandes Trindade) na Revista Brasileira de História da Ciência.

❖ *Bartholomeu de Gusmão*: o primeiro inventor do novo mundo. (Diamantino Fernandes Trindade e Ana Paula Pires Trindade) na Revista Sinergia.

❖ *Desafios das primeiras médicas brasileira*: desafios e conquistas. (Diamantino Fernandes Trindade e Ana Paula Pires Trindade) na Revista História da Ciência e Ensino: construindo interfaces (PUC-SP).

## Livros publicados

❖ *A História da História da Ciência* (Diamantino Fernandes Trindade e Lais dos Santos Pinto Trindade) publicado pela Madras Editora. Neste livro é feita uma abordagem da construção histórica da Ciência desde a Grécia até o século XX.

❖ *O ponto de mutação no ensino das ciências* (Diamantino Fernandes Trindade) publicado pela Madras Editora. Esta obra aborda a experiência do ensino da História da Ciência no Ensino Médio do IFSP.

❖ *Temas Especiais de Educação e Ciências* (Diamantino Fernandes Trindade, Lais dos Santos Pinto Trindade, Ricardo Plaza Teixeira e Wania Tedeschi) publicado pela Madras Editora. Este livro contempla alguns capítulos dedicados à História da Ciência.

❖ *Os Caminhos da Ciência e os Caminhos da Educação:* Ciência, História e Educação na Sala de Aula (Lais dos Santos Pinto Trindade e Diamantino Fernandes Trindade) publicado pela Madras Editora. A primeira parte desta obra aborda alguns aspectos da História da Ciência no Brasil. Ricardo Plaza Teixeira contribuiu com um artigo.

❖ Capitulo do livro *O que é interdisciplinaridade?* (Ivani Fazenda) publicado pela Editora Cortez. *Interdisciplinaridade:* um novo olhar sobre as ciências (Diamantino Fernandes Trindade) que aborda o caráter interdisciplinar da História da Ciência.

❖ *Leituras Especiais de Ciências e Educação* (Ana Paula Pires Trindade e Diamantino Fernandes Trindade) publicado pela Ícone Editora. Um dos capítulos deste livro aborda a interface da Ciência com a Educação por meio da História da Ciência.

❖ *História da Ciência e Ensino:* propostas, tendências e construção de interfaces (Maria Helena Roxo Beltran, Fumikazu Saito, Rosana Nunes dos Santos e Wagner Wuo) publicado pela Livraria da Física Editora. Neste livro, Ricardo Plaza Teixeira, Diamantino Fernandes Trindade e Wilmes Roberto Gonçalves Teixeira escreveram o capítulo "Os Botões de Napoleão": a história da Química e a Educação Científica.

❖ *Médicos e Heróis:* Os caminhos da medicina brasileira desde a chegada da Família Real até as primeiras décadas da República (Diamantino Fernandes Trindade) publicado pela Ícone Editora.

❖ *Personagens da Ciência Brasileira* (Diamantino Fernandes Trindade) publicado pela Ícone Editora.

## Trabalhos apresentados em congressos, simpósios e seminários

❖ *Os botões de Napoleão:* a História da Química e a Educação Científica (Diamantino Fernandes Trindade, Ricardo Plaza Teixeira e Wilmes Teixeira) apresentado na I Jornada de História da Ciência e Ensino: propostas, tendências e construção de interfaces na PUC-SP.

❖ *José Bonifácio de Andrada e Silva e a Memória sobre a pesca das baleias e a extração de seu azeite:* uma história que não vai para a sala de aula (Diamantino Fernandes Trindade) apresentado na I Jornada de História da Ciência e Ensino: propostas, tendências e construção de interfaces na PUC-SP.

❖ *História da Ciência:* uma possibilidade interdisciplinar para o ensino de ciências no Ensino Médio (Diamantino Fernandes Trindade) apresentado no Seminário A Melhoria da Qualidade do Ensino

Médio Público, no Instituto Unibanco. **Este trabalho foi um dos três vencedores do Prêmio Instituto Unibanco 2007, categoria Formação de Professores.**

❖ *História da Ciência:* uma possibilidade para aprender ciências (Diamantino Fernandes Trindade) apresentado III Congresso Internacional Sobre Projetos em Educação.

❖ *Diferentes estratégias para a História da Ciência no Ensino Médio* (Ricardo Plaza Teixeira) apresentado no II Congresso Luso-Brasileiro de História da Ciência e da Técnica.

❖ *A História da Física Moderna e o uso de novas tecnologias no ensino da Física* (Ricardo Plaza Teixeira e Marcelo Marcilio Silva) apresentado na Jornada de História da Ciência e Ensino na PUC-SP.

❖ *História da Ciência no Ensino Médio: uma pesquisa interdisciplinar* (Diamantino Fernandes Trindade) apresentado no Seminário Internacional de Educação – Teorias e Políticas na Universidade Nove de Julho.

❖ *Reflexões sobre uma experiência de inclusão da disciplina História da Ciência no Ensino Médio* (Ricardo Plaza Teixeira) apresentado no XIV Simpósio Nacional de Ensino de Física.

❖ *História da Ciência:* um ponto de mutação no Ensino Médio (Diamantino Fernandes Trindade) apresentado no V Encontro Nacional de Pesquisa em Educação da Região Sudeste – ANPED.

❖*A contribuição da História da Ciência no Ensino Médio para a formação de um leitor crítico* (Ricardo Plaza Teixeira) apresentado no XIII Congresso de Leitura do Brasil.

❖*A História da Matemática inserida em um projeto tendo como eixos temáticos Ciência, História e Cultura* (Ricardo Plaza Teixeira) apresentado no VII Encontro Nacional de Educação Matemática.

❖*Os pioneiros das telecomunicações no Brasil:* de D. Pedro II até a televisão em cores (Diamantino Fernandes Trindade) apresentado no II Congresso Universitário de Telecomunicações na Universidade Cidade de São Paulo.

❖ *História da Ciência no Ensino Médio* (Ricardo Plaza Teixeira e Diamantino Fernandes Trindade) apresentado na V Mostra de material de Divulgação Científica e Ensino de Ciências na Estação Ciência.

❖*José Bonifácio de Andrada e Silva e a memória sobre os diamantes do Brasil* (Diamantino Fernandes Trindade) apresentado no Seminário Centenário Simão Mathias: Documentos, métodos e identidade da História da Ciência na PUC-SP.

❖*As primeiras médicas brasileiras* (Diamantino Fernandes Trindade e Ana Paula Pires Trindade) apresentado na Jornada de História da Ciência e Ensino na PUC-SP.

# BIBLIOGRAFIA

AGUILLAR, T. **Alfabetizacíon científica para la ciudadania**. Madrid: Narcea, 1999.

ALFONSO-GOLDFARB, Ana Maria; BELTRAN, Maria Helena Roxo (orgs.). **Escrevendo a História da Ciência:** tendências, propostas e discussões historiográficas. São Paulo: educ, 2004.

ALFONSO-GOLDFARB, Ana Maria. **Da Alquimia à Química**. São Paulo: Landy, 2001.

ALVES, Rubem. **Um céu numa flor silvestre:** a beleza em todas as coisas. Campinas: Verus, 2005.

_____. **Conversas com quem gosta de ensinar**. 5 ed. Campinas: Papirus, 2002.

_____. **Estórias de quem gosta de ensinar**. 6 ed. Campinas: Papirus, 2002.

ARANHA, Maria Lucia de Arruda. **História da educação**. 2 ed. São Paulo: Moderna, 1996.

ARAUJO, Ana Cristina (coord.). **Laboratório do mundo:** ideias e saberes do século XVIII. São Paulo: Pinacoteca/Imprensa Oficial, 2004.

AZEVEDO, Fernando de. **A educação entre dois mundos:** problemas, perspectivas e orientações. São Paulo: Melhoramentos, s.d.

BERGER, Ruy Leite. Apresentação. In: BRASIL. Ministério da Educação. Secretaria de Educação Média e Tecnológica. **Parâmetros Curriculares Nacionais**: Ensino Médio. Brasília, 1999.

BOGDAN, Robert; BIKLEN, Sari. **Investigação qualitativa em educação:** uma introdução à teoria e aos métodos. Porto: Porto Editora, 1991.

BRANDÃO, Ayéres. **Do mito do herói ao herói do mito:** a jornada simbólica do professor. São Paulo: Ícone, 2005.

BRASIL. **Anuário Estatístico do Brasil**. Rio de Janeiro: Instituto Nacional de Estatística, 1936.

_____. Conselho Nacional de Educação. Parecer CNE/CP 9/2001. **Diretrizes curriculares nacionais para a formação de professores da educação básica em nível superior, curso de licenciatura, de graduação plena**. Brasília, 2001.

_____. Conselho Nacional de Educação. Parecer CNE 1304/2001. **Diretrizes nacionais para os cursos de graduação em física**. Brasília, 2001.

_____. Ministério da Educação. Secretaria da Educação Média e Tecnológica. **Parâmetros Curriculares Nacionais: Ensino Médio**. Brasília, 1999.

_____. Ministério da Educação. Secretaria da Educação Média e Tecnológica. **Diretrizes Curriculares**: Ensino Médio. Brasília, 1999.

_____. **Constituição da República Federativa do Brasil**. 27 ed. São Paulo: Saraiva, 2001.

BUDGE, Sir Ernest Alfred Thompson Wallis. **The Mummy:** Chapters on Egyptian Funereal Archaeology. New York: Collier - Macmillan, 1973.

BULFINCH, Thomas. **O livro de ouro da mitologia:** histórias de deuses e de heróis. 9 ed. Rio de Janeiro: Ediouro, 2000.

CANDOTTI, Ennio. **Ciência, verdade e política**. Pedra Azul (ES): Second International Conference on Fundamental Interactions, 2004.

CAPRA, Fritjof. **A teia da vida**. São Paulo: Cultrix, 2001.

_____. **O ponto de mutação**. 22 ed. São Paulo: Cultrix, 2001.

CARDOSO, Walter *et al.* Para uma história das ciências no Brasil colonial. **Revista da Sociedade Brasileira de História da Ciência**. Rio de Janeiro: Sociedade Brasileira de História da Ciência, 1985.

CASCINO, Fábio. Espera. In: Fazenda, Ivani (org.). **Dicionário em construção:** interdisciplinaridade. São Paulo; Cortez, 2001.

CHALMERS, Alan F. **O que é ciência afinal?** São Paulo: Brasiliense, 1993.

CHARDIN, Teilhard. **O fenômeno humano**. 3 ed. São Paulo: Cultrix, 1994.

CHASSOT, Attico. **Educação conSciência**. Santa Cruz do Sul: EDUNISC, 2003.

_____. **A ciência através dos tempos**. 4 ed. São Paulo: Moderna, 1995.

CHERVEL, A. **História das disciplinas escolares:** reflexões sobre um campo de pesquisa. Porto Alegre: Teoria & Educação, n. 2, 1990.

CHEVALLARD, Yves. **La transposition didactique:** du savoir savant al savoir enseigné. Grenoble: La Pensée Sauvage, 1991.

COLOMBO, Sylvia; STRECKER, Marcos. Dawkins e Hitchens guiam ateístas. **Caderno Mais! de A Folha de São Paulo**, p. 7, 22 de julho de 2007.

COUTER, Penny; BURRESON, Jay. **Os botões de Napoleão**: as 17 moléculas que mudaram a História. Rio de Janeiro: Jorge Zahar, 2006.

DALAI LAMA. Entrevista. **Revista Época. São Paulo, Globo, p. 64, abr. 2006.**

D'AMBRÓSIO, Ubiratan. **História das ciências e ficção**. Mimeo. PUC-SP, 2006.

DAMPIER, William C. **Pequena História da Ciência**. São Paulo: IBRASA, 1961.

ECO, Umberto. **O nome da rosa**. São Paulo: Biblioteca Folha, 2003.

ELIADE, Mircea. **Mito do eterno retorno**. São Paulo: Mercuryo, 1992.

_____. **Cosmologia y Alquimia babilônicas**. Barcelona/Buenos Aires: Paidos, 1993.

ESPÍRITO SANTO, Ruy Cezar. **Autoconhecimento na formação do educador**. São Paulo: Ágora, 2007.

_____. **Desafios na formação do educador**. 2 ed. Campinas: Papirus, 2005.

_____. **Histórias que educam:** conversas sábias com um professor. São Paulo: Ágora, 2001.

_____. **O renascimento do sagrado na educação**. Campinas: Papirus, 1998.

FAZENDA, Ivani. **Interdisciplinaridade:** história, teoria e pesquisa. 4 ed. Campinas: Papirus, 1999.

_____. **Novos enfoques da pesquisa educacional**. 4 ed. São Paulo: Cortez, 2001.

_____. Olhar. In: Fazenda, Ivani (org.). **Dicionário em construção:** interdisciplinaridade. São Paulo: Cortez, 2001.

_____. **Interdisciplinaridade: qual o sentido**. São Paulo: Paulus, 2003.

FELDMAN, Marina Graziela. **Estrutura e ensino de 1° Grau**. Petrópolis: Vozes, 1983.

FERRAROTI, Franco. A Revolução Industrial e os novos trunfos da Ciência e da tecnologia e do poder. In: Mayor, Federico; Forti, Augusto. **Ciência e poder**. Campinas: Papirus, Brasília; UNESCO, 1998.

FORONI, Yvone Mello D'Alessio. **Interintencionalidades compartilhadas no processo inclusivo da sala de aula no Ensino Superior**: uma investigação interdisciplinar. Tese de Doutorado. São Paulo: PUC-SP, 2005.

FORTI, Federico. Ciência, Filosofia e Poder na Antiguidade Clássica. In: Mayor, Federico; Forti, Augusto. **Ciência e poder**. Campinas: Papirus, Brasília, UNESCO, 1998.

FOUREZ, Gerard. **A construção das ciências**. São Paulo: UNESP, 1995.

FRIGOTTO, Gaudêncio. **Novos desafios para a formação de professores**. Boletim Informativo do Núcleo de Desenvolvimento e Promoção Humana, ano II, n. 12. Niterói, 2000.

FURTADO, Celso. **O mito do desenvolvimento econômico**, Rio de Janeiro: Paz e Terra, 1974.

GLEISER, Marcelo. **Micro Macro**: reflexões sobre o homem, o tempo e o espaço. São Paulo: Publifolha, 2005.

GOSWAMI, Amit. **O universo autoconsciente**. Rio de Janeiro: Rosa dos Tempos, 2003.

GOTTSCHALL, Carlos Antonio Mascia. **Do mito ao pensamento científico**: a busca da realidade, de Tales a Einstein. 2 ed. São Paulo/Porto Alegre: Atheneu/Fundação Universitária de Cardiologia, 2004.

GOODSON, Ivor F. **Currículo**: teoria e história. 6 ed. Petrópolis, Vozes, 2003.

GREENE, Liz; SHARMAN-BURKE, Juliet. **Uma viagem através dos mitos**: o significado dos mitos como um guia para a vida. Rio de Janeiro: Jorge Zahar, 2001.

GUERRA, Andréia *et.al*. A História da Ciência ajuda no aprendizado das ciências? In: Goldfarb, José Luiz; Ferraz, Márcia H. M. (orgs.). **VII Seminário Nacional de História da Ciência e da Tecnologia**. Sociedade Brasileira de História da Ciência. São Paulo: Unesp/ Edusp/ Imprensa Oficial de São Paulo, 2000.

GUSDORF, Georges. Prefácio. In: Japiassu, Hilton. **Interdisciplinaridade e patologia do saber**. Rio de Janeiro: Imago, 1976.

HAWKING, Stephen. **O universo numa casca de noz**. São Paulo: Mandarim, 2001.

HELLMAN, Hal. **Grandes debates da ciência**: dez das maiores contendas de todos os tempos. São Paulo; Unesp, 1998.

HERBERT, Nick. **A realidade quântica**. Rio de Janeiro: Francisco Alves, 1989.

HESSEN, Bóris. **As raízes socioeconômicas dos principia de Newton**. Londres: Segundo Congresso Internacional de História da Ciência e da Tecnologia, 1931.

HESÍODO. **Teogonia**: a origem dos deuses. **São Paulo: Iluminures, 1992.**

HOBSBAWN, Eric**. Era dos extremos**: o breve século XX – 1914-1991. São Paulo: Companhia das Letras, 1997.

HOLANDA, Aurélio Buarque de. **Novo Dicionário Aurélio da Língua Portuguesa**. São Paulo: Positivo, 2004.

JAPIASSU, Hilton. **Ciência e destino humano**. Rio de Janeiro: Imago, 2005.

_____. **Revolução científica moderna**. 2 ed. São Paulo: Letras & Letras, 2001.

_____. **As paixões da ciência**. 2 ed. São Paulo: Letras e Letras, 1999. (1)

_____. **Um desafio à educação**: repensar a pedagogia científica. São Paulo: Letras & Letras, 1999. (2)

_____. **Interdisciplinaridade e patologia do saber**. Rio de Janeiro: Imago, 1976.

JAPIASSU, Hilton; MARCONDES, Danilo. **Dicionário Básico de Filosofia**. 3 ed. Rio de Janeiro: Jorge Zahar, 1996.

JUNQUEIRA, Carmem. **O mundo invisível**. Conferência de abertura do III Encontro INFOP "Memória e Comunidade". Universidade Federal do Pará, 1999.

KINCHELOE, Joe L. **A formação do professor como compromisso político**: mapeando o pós-moderno. Porto Alegre: Artes Médicas, 1997.

KUENZER, Acácia Zeneida. **A formação dos profissionais de educação**: propostas de diretrizes curriculares nacionais. Revista Educação Brasileira, Brasília, vol. 21, n. 42, jan/jun. , 1999.

LAINE, A. **De la découvert du passe à l'invention de l'avenir, em Faire de as vie une création**. Revue Cultures em mouvement, Paris, n.18, juin 1999.

LEODORO, Marcos Pires. **Plano do Curso de formação de professores para o ensino de Física**. São Paulo: Centro Federal de Educação Tecnológica de São Paulo, 2001.

_____. **Por um currículo humanista para a Licenciatura em Física**. São Paulo: Centro Federal de Educação Tecnológica de São Paulo, 2001.

LIBÂNEO, José Carlos; OLIVEIRA, João Ferreira; TOSCHI, Mirza Seabra. **Educação escolar**: políticas, estrutura e organização. São Paulo: Cortez, 2004.

LÜDKE, Menga; ANDRÉ, Marli E.D.A. **Pesquisa em educação**: abordagens qualitativas. São Paulo: EPU, 2004.

MALDANER, Otávio Aloísio. **A formação inicial e continuada de professores de Química**. Ijuí: UNIJUÍ, 2000.

MARTINS, Roberto de Andrade. Sobre o papel da História da Ciência no Ensino. In: **Boletim da Sociedade Brasileira de História da Ciência**. n. 9. Rio de Janeiro, agosto de 1990.

MATOS, Ricardo Hage. **O sentido da práxis no ensino e pesquisa em artes visuais**: uma investigação interdisciplinar. Tese de Doutorado em Educação. São Paulo: Pontifícia Universidade Católica de São Paulo, 2003.

MAYOR, Federico. Ciência e poder hoje e amanhã. In: Mayor, Federico; Forti, Augusto. **Ciência e poder**. Campinas: Papirus; Brasília; UNESCO, 1998.

MAYOR, Federico; FORTI, Augusto. **Ciência e poder**. Campinas: Papirus; Brasília; UNESCO, 1998.

MEIS, Leopoldo de. **Ciência, educação e o conflito humano-tecnológico**. 2 ed. São Paulo: SENAC, 2000.

MORAES, Maria Cândida. **O paradigma educacional emergente**. 8 ed. Campinas: Papirus, 2002.

MORIN, Edgar (org.). **A religação dos saberes**: o desafio do século XXI. Rio de Janeiro: Bertrand Brasil, 2002.

MO SUNG, Jung. Ciência, mito e o sentido da existência. In: Pugliesi, Márcio. **Mitologia greco-romana**: arquétipos dos deuses e heróis. São Paulo: Madras, 2003.

MOTOYAMA, Shozo. **Prelúdio para uma história**: ciência e tecnologia no Brasil. São Paulo: Edusp, 2004.

NARDONE, Pasquale. Teorias cosmológicas e ensino de ciências. In: Morin, Edgar (org.). **A religação dos saberes**: o desafio do século XXI. Rio de Janeiro: Bertrand Brasil, 2002.

NÓVOA, Antonio; FINGER, Mathias (org,). **O método (auto) biográfico e a formação**. Lisboa: Ministério da Saúde, 1988.

NUNES, Clarice. **Formação docente no Brasil**: entre avanços legais e recuos pragmáticos. Revista Teias, Rio de Janeiro, n.1, 22 de junho, Faculdade de Educação, UERJ, 2000.

OLIVEIRA, Renato José de. **A escola e o ensino de ciências**. São Leopoldo: Unisinos, 2001.

PAUL, Patrick; ALVAREZ, Aparecida Magali de Souza. **As histórias de vida como busca de identidade entre abordagens conscientes e inconscientes**. Mimeo, 2006.

PEDUZZI, Luiz O. Q. Sobre a Utilização didática da História da Ciência. In: Pietrocola, Maurício. **Ensino de Física**: **conteúdo, metodologia e epistemologia numa concepção integradora**. Florianópolis, UFSC, 2001.

PERRENOUD, Philippe. **Dez novas competências para ensinar**. Porto Alegre: Artmed, 1999.

PINEAU, Gaston. **As histórias de vida em formação**: gênese de uma corrente de pesquisa-ação-formação existencial. Revista Educação e Pesquisa, São Paulo, USP, v. 32, n. 2, 2006.

_____. A autoformação no decurso da vida: entre a hetero e a ecoformação. In: Nóvoa A.; Finger, M. (orgs.). **O método autobiográfico e a formação**. Lisboa: Ministério da Saúde – Departamento de Recursos Humanos, 1998.

_____. **Lés histoires de vie**. Paris: PUF, 2002.

PINTO, José Marcelino de Rezende. O Ensino Médio. In: Oliveira, R. Portela; Adrião, Theresa (orgs.). **Organização do ensino no Brasil**. São Paulo: Xamã, 2002.

PINTO, Luiz Felipe dos Santos; TRINDADE, Lais dos Santos Pinto; TRINDADE, Diamantino Fernandes. **A história e a fotografia a serviço do Estado**: D. Pedro II e a Afirmação da Nação. Revista Sinergia, São Paulo, CEFET-SP, n. 5, 2002.

PUGLIESI, Márcio. **Mitologia greco-romana**: Arquétipos dos deuses e heróis. São Paulo: Madras, 2003.

_____. **Por uma Teoria do Direito:** aspectos macro-sistêmicos. Tese de Livre Docência. São Paulo: Faculdade de Direito da Universidade de São Paulo, 2006.

RIBEIRO, Maria Luísa Santos. **História da Educação Brasileira**: a organização escolar. 18 ed. Campinas: Autores Associados, 2003.

ROMERO, Antonio. Os caminhos da ciência brasileira: os físicos. In: Trindade, Diamantino

Fernandes; Trindade, Lais dos Santos Pinto. **Os caminhos da ciência e os caminhos da educação**: ciência, história e educação na sala de aula. São Paulo: Madras, 2007.

ROSSI, Paolo. **A ciência e a filosofia dos modernos**. São Paulo: UNESP, 1992.

SANTOS, Boaventura de Sousa. **Um discurso sobre as ciências**. 13 ed. Porto: Afrontamento, 2002.

SANTOMÉ, Jurjo Torres. **Globalização e interdisciplinaridade**: o currículo integrado. Porto Alegre: ARTMED, 1998.

SHELLEY, Mary. **Frankstein**. Porto Alegre: L & PM, 2001.

SCHIEBINGER, Londa. **The mind has no sex?**: women in the origins of modern science. Cambridge: Harvard University Press, 1989.

SCHÖN, D. **Educando o profissional reflexivo**. Porto Alegre: Artes Médicas, 2000.

SNELL, Bruno. **A Cultura Grega e as origens do pensamento europeu.** São Paulo: Perspectiva, 2001.

SOARES, Magda; FAZENDA, Ivani. Metodologias não convencionais em teses acadêmicas. In: Fazenda, Ivani. **Novos enfoques da pesquisa educacional.** 4 ed. São Paulo: Cortez, 2001.

SOUZA, Paulo Nathanael Pereira. **LDB e Ensino Superior (estrutura e funcionamento)**. São Paulo: Pioneira, 1997.

STIMSON, C. **Critical problems in the History of Science**. Organizado por CLAGETT, Un. Wisconsin Press, 1959.

TEIXEIRA, Ricardo R. Plaza; TRINDADE, Diamantino Fernandes. **Reflexões sobre uma experiência de inclusão da disciplina História da Ciência no Ensino Médio**. Revista Sinergia, São Paulo, CEFET-SP, n. 3, 2001.

TOBIAS, J.A. **História da educação brasileira**. 2 ed. São Paulo: Juriscredi, s.d.

TRINDADE, Diamantino Fernandes. **O ponto de mutação no ensino das ciências**. São Paulo: Madras, 2005.

_____. **História da Ciência no Ensino Médio**: uma pesquisa interdisciplinar. Revista CEAP Educação, Salvador, Loyola, n. 45, 2004.

_____. **História da Ciência no Ensino Médio**: uma pesquisa interdisciplinar. São Paulo: Seminário Internacional de Educação – Teorias e Políticas – UNINOVE, 2003.

_____. **História da Ciência**: um ponto de mutação no Ensino Médio – A Interdisciplinaridade na Formação de um Professor. Dissertação de Mestrado. São Paulo: UNICID, 2002.

_____. **Os pioneiros das telecomunicações no Brasil**: de D. Pedro II até a Televisão em Cores. São Paulo: II Congresso Universitário de Telecomunicações, UNICID, 2002.

_____. **História da Ciência**: um ponto de mutação no Ensino Médio – A formação interdisciplinar de um professor. Lindóia (SP): V Encontro Nacional de Pesquisa em Educação da Região Sudeste – ANPED, 2002.

_____. Resistência e Candomblé. **D.O. LEITURA, suplemento cultural do Diário Oficial do Estado de São Paulo**, n. 6,1988.

_____. Umbanda: uma religião brasileira. **D.O. LEITURA, suplemento cultural do Diário Oficial do Estado de São Paulo**, n. 5,1986.

TRINDADE, Diamantino Fernandes; TRINDADE, Lais dos Santos Pinto. **Os caminhos da ciência e os caminhos da educação**: ciência, história e educação na sala de aula. São Paulo: Madras, 2007.

_____. **Os caminhos da ciência brasileira**: os sanitaristas. Revista Sinergia, São Paulo, CEFET-SP, vol. 6, n.1, 2005.

_____. **Os caminhos da ciência brasileira**: da Colônia até Santos Dumont. Revista Sinergia, São Paulo, CEFET-SP, vol. 5, n. 1, 2005.

_____. **Temas especiais de educação e ciências** (orgs.). São Paulo: Madras, 2004.

_____. **A história da História da Ciência**: uma possibilidade para aprender ciências. São Paulo: Madras, 2003.

_____. **Os pioneiros da ciência brasileira**: Bartholomeu de Gusmão, José Bonifácio, Landell de Moura e D. Pedro II. Revista Sinergia, São Paulo: CEFET-SP, vol. 4, n. 2, 2003.

TRINDADE, Diamantino Fernandes; PUGLIESI, Márcio. **Química básica teórica**. São Paulo: Ícone, 1983.

TRINDADE, Laís dos Santos Pinto. **Ciência e sociedade**. São Paulo: Programa de Doutorado em História da Ciência, PUC-SP, Mimeo, 2007.

_____. **A alquimia dos processos ensino-aprendizagem em Química**: um itinerário interdisciplinar e transformação das matrizes pedagógicas. Dissertação de Mestrado. São Paulo: UNICID, 2004.

_____. **Interdisciplinaridade**: necessidade, origem e destino. Revista Sinergia, São Paulo, CEFET-SP, vol. 4, n. 1, 2003.

VALENTE, Wagner Rodrigues. **Saber científico, saber escolar e suas relações:** elementos para reflexão sobre a didática. Revista Diálogo Educacional, Curitiba, v. 4, n.10, set/dez, 2003.

VARGAS, Milton. A origem da Alquimia: uma conjectura. In: Alfonso-Goldfarb, Ana Maria. **Da alquimia à Química**. São Paulo: Landy, 2001.

# SITOGRAFIA

ARTE E CIÊNCIA NO PALCO. Disponível em: <www.arteciencianopalco.com.br> Acesso em: 13/07/2007.

FALCÃO. Disponível em: <www.ib.usp.br/ceo/jardim/evitarco.htm> Acesso em: 23/07/ 2007.

FAZENDA, Ivani. **A formação do professor pesquisador – 30 anos de pesquisa.** Revista E-Curriculum, São Paulo, PUC-SP, v.1, n.1, dez-jul 2005-2006. Disponível em: <http://www.pucsp.br/ecurriculum> Acesso em: 15/07/2007.

HÓRUS, OSIRIS E ISIS. Disponível em: <www.louvre.fr>. Acesso em: 23/07/2007.

ÍSIS E HÓRUS. Disponível em: <mundo.pachi.blog.sapo.pt/arquivo/855079.html> Acesso em: 23/07/2007.

LENOIR, Yves. **Três interpretações da perspectiva interdisciplinar em educação em função de três tradições culturais distintas**. Revista E-Curriculum, São Paulo, PUC-SP, v.1, n.1, dez-jul 2005-2006. Disponível em: <http://www.pucsp.br/ecurriculum> Acesso em: 15/07/2007.

MANIFESTO DOS PIONEIROS. Disponível em: <www.agenciaeducabrasil.com.br> **Dicionário Interativo da Educação Brasileira**. Acesso em: 15/11/2005.

O ATOMISMO. Disponível em: <www.algostore.com.br/sociofilosofia/atomismo.html>. Acesso em: 15/07/2007.

O FALCÃO DIVINO. Disponível em: <amandeks.flogbrasil.terra.com.br/foto7752552.html>. Acesso em: 23/07/2007.

OLHO DE HÓRUS. Disponível em: <www.arqueologyc.hpg.ig.com.br/eyeRa.jpg>. Acesso em: 12/07/2007.

OUROBOROS. Disponível em: <http://altreligion.about.com/library/graphics/masonic/ouroboros.jpg>. Acesso em: 26/07/ 2007.

PACHECO, José. **A azul ou vermelho?** Disponível em: <www.educare.pt/educare>. Acesso em: 18/04/2007.

PORTAL MEC. **Institutos Superiores de Educação**. Disponível em: <http://portal.mec.gov.br/sesu>. Acesso em: 15/07/2007.

TEMPLO DE HÓRUS. Disponível em: <www.starnews2001.com.br/egyptedfu.html> **O falcão divino**. Acesso em: 17/04/2007.

VOGT, Carlos. **Ciência é garantia de segurança?** Disponível em: <www.comciencia.br>. Acesso em: 13/04/2007.

# VIDEOGRAFIA

ALEXANDER GRAHAM BELL. Imagem Filmes. São José (SC): Next, 2001.

A HARMONIA DOS MUNDOS. Série Cosmos. Produção: Carl Sagan. vol. 1, episódio 3. São Paulo: Abril Vídeo, Superinteressante, 2005.

A VIDA DE LEONARDO DA VINCI. Direção: Renato Castellani. São Paulo: Versátil Home Vídeo, 1972.

CHEGADA DO HOMEM À LUA. Direção: Bill Locke. São Paulo: Abril Vídeo, História/BBC, 2003.

CIENTISTAS BRASILEIROS: César Lattes e José Leite Lopes. Direção: José Mariani. Rio de Janeiro: Versátil Home Vídeo/RIOFILME, 2003.

GENIUS: Galileu e Darwin. Manaus: Eagle Rock Entertainment, 2004.

GIORDANO BRUNO: a história de um homem à frente de seu tempo. Direção: Giuliano Montaldo. São Paulo: Versátil Home Vídeo, 1973.

HIROSHIMA: Série Dias que abalaram o mundo. Direção: Bill Locke & Kelly Chris. São Paulo: Abril Vídeo, História/BBC, 2003.

O NOME DA ROSA. Direção: Jean-Jacques Annaud. Globo Vídeo. Rio de Janeiro, 1986.

SANTOS DUMONT: o homem pode voar. Direção de: Nelson Hoineff. São Paulo: Abril Vídeo, História, 2006.

# ICONOGRAFIA

Figura 1: O Olho de Hórus
Peça em ouro, com incrustações de lápis-lazúli. Era um peitoral que Tutankhamon usava como amuleto, pendendo do pescoço
Figura 2: Ísis com Osiris morto no colo
Poster de Susan Seddon Boulet
Fonte: http://www.artistsuk.co.uk
Figura 3: Hórus: o Falcão Divino
Templo de Hórus na cidade egípcia de Edfu
Figura 4: Hórus, Osiris e Isís
Fonte: http://www.louvre.fr
Figura 5: Ouroboros
Fonte: http://altreligion.about.com
Figura 6: A criação do mundo
Fonte: Stephen Hawkings. O Universo numa casca de noz
Figura 7: O voo do falcão
Fonte: www.ib.usp.br